KREATIV FÜR DIE Allerallerkleinsten

222 DIY-Ideen für Baby- und Kleinkindbeschäftigung

Dieses Buch ist für meinen Sohn Jakob, der meine ganze Welt auf dem Kopf gestellt hat.
Danke, dass du dadurch allem die richtige Perspektive gegeben hast!

S. 24
S. 29
S. 65
S. 124
S. 49

Der Inhalt

Hallo, liebe Eltern,

wir alle wissen, dass ein Kind zunächst einmal unser ganzes Leben auf den Kopf stellt – und das ist vermutlich noch eine Untertreibung. Als frischgebackener Elternteil ist man ständig überwältigt vor Glück und Lieb. Und zugleich gibt es so viele Momente, in denen man am liebsten selbst schreien und weinen würde (und das auch oft genug tut), weil man das Gefühl hat, nicht mehr weiterzuwissen. Vor allem beim ersten Kind lernt man jeden Tag mindestens so viel dazu wie das Kind selbst.

Meinen ersten Sohn habe ich inmitten der ersten Corona-Welle bekommen. Zu der Zeit hatte ich nicht viele Freunde mit Kindern und sämtliche Krabbelgruppen, Eltern-Cafés und ähnliche Anlaufstellen in meiner Nähe durften nicht stattfinden bzw. waren geschlossen. Selbst der Rückbildungskurs fand nur online statt!

Kurz und knapp: Mein kleiner Kerl und ich waren sehr viel allein und seine frischgebackene Mama (also ich) hatte keine Ahnung, was man mit einem Baby überhaupt unternehmen kann, außer mit ihm spazieren zu gehen und mit ihm zu singen.

Am Anfang waren wir beide noch so überfordert mit uns selbst, dass es uns gar nicht gestört hat, sonst nicht viele Aktivitäten zu haben. Mit der Zeit wurde mein Sohn aber immer aktiver und wollte irgendwann die Welt immer schneller entdecken, als es ihm mit seinen eigenen Händen und Füßen möglich war. Nur mit mir zu Hause zu sein, war ihm schlicht und einfach zu langweilig! Also mussten immer wieder neue Ideen her, mit denen ich ihn beschäftigen konnte.

Dieses Buch enthält eine kleine Sammlung meiner Ideen und noch viele, viele weitere, die ich mir erst im Laufe der Zeit angeeignet habe. Alle habe ich mit meinem Sohn oder auch mit den Babys und Kleinkindern von Freunden und Bekannten auf ihre Praxistauglichkeit hin getestet – und sie wurden alle von Klein und Groß für gut befunden.

Da meine kleine Familie ungefähr zum Zeitpunkt der Veröffentlichung dieses Buches noch um Zwillinge erweitert wird, kann ich mir sehr gut vorstellen, dass wir beide, also du, liebe Leserin, und du, lieber Leser, vielleicht sogar zeitgleich darin blättern und Beschäftigungen für unsere allerallerkleinsten Lieblingskinder suchen. Ich freue mich darauf und wünsche euch eine gute Familienzeit und ganz viel Inspiration für weitere, eigene Spielideen!

Deine Josy

P.S. Besuch mich gerne auch auf Instagram: @mama.mach.mal

Für wen ist dieses Buch?

Kurz gesagt: Wenn du dieses Buch in den Händen hältst und diese Zeilen liest, wurde es höchstwahrscheinlich genau für dich gemacht! Ich habe es geschrieben für alle Eltern, die ihr Kind nicht einfach vor einem Tablet oder dem Fernseher „parken" möchten, sondern die am liebsten zusammen mit ihrem kleinen Liebling spielerisch die Welt entdecken.

Bei der Auswahl aus den vielen Ideen in diesem Buch solltest du immer eines bedenken: Der gemeinsame Spaß soll im Vordergrund stehen. Wenn es dir als Elternteil also schon vor dem Spielen davor graut, wie das Haus aussieht, nachdem dein kleiner Schatz mit Reis herumhantiert hat, oder wenn du das Gefühl von Knete in deiner Hand nicht magst, dann such dir einfach etwas Anderes aus: Alles kann, nichts muss! Ihr müsst euch beide damit wohlfühlen, dein Liebling und du selbst. Schließlich sind die ersten Lebensjahre deines Kindes unersetzbar und ihr sollt sie so viel zusammen genießen wie nur möglich.

Ich wünsche mir, dass dieses Buch sehr viele kleine und kleinste Kinder und ihre Eltern auf ihrer spannenden Reise des Wachsens und Lernens begleiten darf!

Hier (oder unter www.topp-kreativ.de/digibib) findest du nach erfolgter Registrierung zum kostenlosen Herunterladen und Ausdrucken die Vorlagen für dieses Buch. Der Freischalte-Code lautet: 51516

Die Grundausstattung

Es lohnt sich, einige alltägliche Dinge wegzulegen, weil man diese für die Ideen in diesem Buch immer wieder braucht.

Dazu gehören:

- **Klopapier- und Küchenpapierrollen**
- **Kartonagen in verschiedensten Größen und Formen**
- **Luftpolsterfolie**
- **pfandfreie Flaschen**
- **Milchtüten-Deckel**
- **Geschenkpapierreste**
- **Eierkartons**
- **Gummibänder**

Überlege dir am besten bei jedem Gegenstand, den du wegwerfen möchtest, ob du ihn nicht noch irgendwie in ein Spielzeug verwandeln kannst.

Warnhinweise

Am wichtigsten ist es, das Kind mit den Basteleien aus diesem Buch wirklich niemals unbeaufsichtigt zu lassen: Passieren kann immer etwas.

Als Elternteil kennst du dein Kind am besten. Wenn es in seiner aktuellen Lebensphase einen Gegenstand nach dem anderen in den Mund nimmt, sollten Ideen, die **kleinteilige Elemente** enthalten, am besten komplett gemieden werden: Hierbei besteht eine gewisse Verschluckungs- und Erstickungsgefahr. Außerdem solltest du in dieser Phase darauf verzichten, die Objekte mit **Farben oder Kleber** zu verzieren.

Bei Ideen mit **Schnüren, Tüchern, Seilen oder Geschenkbändern** besteht außerdem Strangulierungsgefahr.

Damit die Spielzeuge ein bisschen bunt und fröhlich werden, lohnt sich außerdem eine Auswahl an folgenden Bastelmaterialien, immer in verschiedenen Farben:

- **Bastelfarben**
- **Bastelfedern**
- **Bastelknöpfe**
- **Bastel-Kreppband**
- **Lebensmittelfarben**
- **Bastelfilz**
- **Fotokarton oder Kraftpapier**
- **Füllwatte**
- **Garne**
- **Geschenkbänder**
- **Jongliertücher**
- **Klebeband oder Malerkrepp oder Masking Tape**
- **Knete (selbstgemacht oder gekauft)**
- **Kontaktpapier (selbstklebend)**
- **Luftballons**
- **Markierungssticker (ø 1,5 mm und ø 5 mm)**
- **Moosgummi**
- **Nylonschnur**
- **Perlen**
- **Chenilledraht (Pfeifenputzer)**
- **Pompoms**
- **Wackelaugen**
- **Watte**

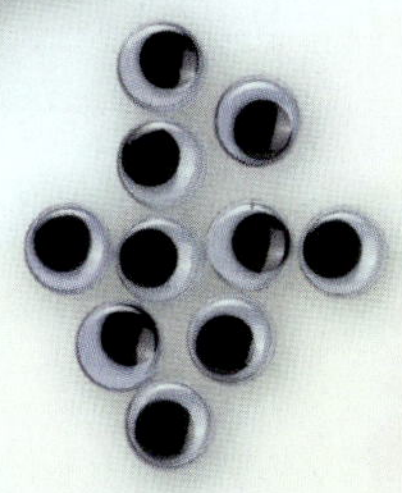

Und die folgenden Werkzeuge werden häufig benötigt:

- **Acryl-Marker**
- **Heißkleber**
- **Kraftkleber**
- **Pinsel**
- **Schere**
- **Teppichmesser**

Die 3 Kapitel in diesem Buch

KAPITEL 1 – FÜR BABYS

KAPITEL 2 – AB 1 JAHR

KAPITEL 3 – AB 2 JAHREN

Die Einteilung erfolgte aufgrund meiner persönlichen Erfahrungen als Mutter. Ganz allgemein orientieren sich die Ideen für die Altersstufen an den durchschnittlichen Entwicklungsstufen, die die Allerallerkleinsten in den ersten drei Lebensjahren durchlaufen.

Da sich jedes Kind anders entwickelt, lohnt es sich, das Buch immer mal wieder komplett durchzublättern und auch in den Kapiteln, die gerade vom Alter des eigenen Kindes her nicht passend erscheinen, zu stöbern: Meinem mittlerweile schon fast drei Jahre alten Entdecker machen beispielsweise immer noch viele Ideen aus dem Kapitel für Babys großen Spaß. Und ich bin mir sicher, dass man auch mit einem Baby schon Inspirationen in den Kapiteln finden kann, die für die schon etwas größeren Kleinkinder gedacht sind.

Altersstufe „Baby“: bis zur Vollendung des 1. Lebensjahrs

In dieser Phase lernen Babys die Welt und ihren Körper kennen. Sie lernen, sich in Bauchlage zu drehen, sich auf den Unterarmen abzustützen, zu sitzen und zu krabbeln. Und das alles schneller, als du schauen kannst! Ab etwa 9 Monaten kann sich ein Baby bereits an Möbeln hochziehen und zum Ende des ersten Lebensjahres hin sind die kleinen Entdecker nicht mehr aufzuhalten. Neben eigener Mobilität entwickeln sie außerdem erste kommunikative, kognitive und handmotorische Fähigkeiten.

Vor allem verschiedene haptische Reize sind für die Kleinen in dieser Phase wahnsinnig interessant (und werden gerne noch mit dem Mund erforscht). Außerdem lieben Babys es, etwas irgendwo herauszuziehen und hineinzustecken.

Altersstufe „Ab 1 Jahr“: bis zur Vollendung des 2. Lebensjahrs

Im zweiten Lebensjahr werden die Kleinen immer mobiler und erforschen die Welt mit ihren eigenen Füßen! Auch die Feinmotorik optimiert sich und die Kinder entwickeln den sogenannten „Scherengriff“ (Zeigefinger + Daumen) weiter, den sie schon zum Ende des 1. Lebensjahr entdeckt haben. Neu hinzu kommt außerdem der „Pinzettengriff“ (Daumenspitze + Zeigefingerspitze).

In dieser Phase werden Puzzles und farblich sortierte Steckspiele zunehmend interessanter.

Altersstufe „Ab 2 Jahren“: bis zur Vollendung des 3. Lebensjahrs

In dieser Phase möchten die kleinen Entdecker zunehmend Dinge alleine machen oder zumindest das mitmachen, was Mama und/oder Papa gerade tun. Sie erproben spielerisch, wie es geht, Flüssigkeiten umzukippen, Behältnisse auszukippen, Flaschen auf- und zuzudrehen und Dinge aufzuhängen. Auch die Sprache entwickelt sich rasant und sie lernen, ihre Gefühle besser wahrzunehmen und zu unterscheiden.

Fädelspiele und Ideen, um die Feinmotorik zu fördern, sind in dieser Phase sehr beliebt.

Bei allen Rezepten in diesem Buch wurde auf rohes Ei verzichtet. So können die Allerallerkleinsten schon bei der Zubereitung mit Hand anlegen und auch das ungekochte Essen gefahrlos verzehren.

IDEE FÜR DEN WICKELTISCH

Manche Ideen im Kapitel für Babys sind mit einem Button gekennzeichnet, in dem „Idee für den Wickeltisch“ steht. Diese Ideen sollen dir das Wickeln erleichtern, wenn dein Baby erst einmal entdeckt hat, wie viel Spaß es macht, sich zu bewegen. Meist sind es richtige „Blitzideen“, ohne große Vorbereitung und aus nur ein, zwei Gegenständen gemacht. Mir haben sie oft das Leben erleichtert!

Kapitel 1

IDEEN FÜR BABYS

1 Kontrastbild-Varianten

DU BRAUCHST:
- ½ Apfel
- Bastelfarbe in Schwarz
- Papier in Weiß, A4

Apfelstempel-Bild

Bemale die Apfelhälfte mit der Bastelfarbe und stempele damit mehrmals auf das Papier.

Nach dem Trocknen kannst du deinem Baby dein „Kunstwerk“ vors Gesicht halten und es staunen lassen.

2

Handstempel-Bild

DU BRAUCHST:
- Bastelfarbe in Schwarz
- Papier in Weiß, A4

Diese Idee ist perfekt, um Geschwisterkinder oder Cousins in die Beschäftigung mit dem Baby (auch schon vor der Geburt!) einzubeziehen: Male eine Hand deines Helfers schwarz an und lasse ihn damit das Blatt Papier bestempeln.

Trocknen lassen und das Baby mit dem Blatt unterhalten.

Besonders ganz junge Babys lieben Bilder mit hohem Kontrast, da sie diese besser wahrnehmen können: Kurz nach der Geburt ist die Sicht noch nicht so weit ausgebildet.

3

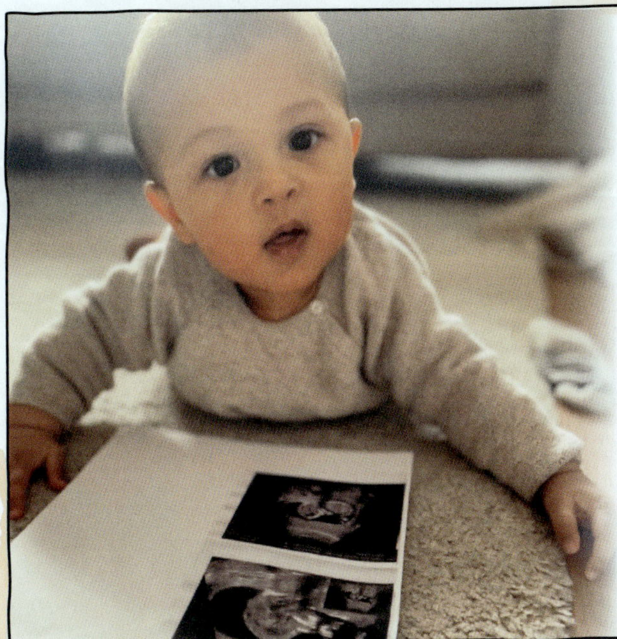

Ultraschall-Bild

DU BRAUCHST:
- Kopien der schönsten Ultraschallbilder von deinem Baby.

Zeige deinem Baby seine eigenen Ultraschallbilder, das sind tolle Kontrastbilder.

Eine Vorlage für ein einfaches Kontrastbild zum kostenlosen Download findest du in der Digitalen Bibliothek (siehe S. 6).

4 Riechflaschen

DU BRAUCHST:

- kleine Plastikflaschen (z.B. von Smoothies)
- intensiv riechende Kräuter und Gewürze, z.B. Anissterne, Ingwer, Kümmelsamen, Lavendel, Rosmarin, Salbei, Zimtstangen, Zitronenschale
- Stecknadel

Befülle mehrere Plastikflaschen mit verschiedenen intensiv riechenden Gewürzen und halte sie deinem Baby unter die Nase.

Wenn dein Kind schon älter ist, könnt ihr auch ein lustiges Ratespiel daraus machen: Was ist das, was da so riecht?

IDEE FÜR DEN WICKELTISCH

5 Rasseldosen

DU BRAUCHST:

- kleine Behältnisse mit Plastikdeckeln
- „lautes" Füllmaterial, z.B. Nudeln, Kaffeebohnen, Reiskörner, getrocknete Kidneybohnen oder andere Hülsenfrüchte

Befülle ein paar Behälter mit Lebensmitteln, die ordentlich Geräusche machen beim Schütteln. Die meisten Babys können die Behälter ganz schnell selbständig halten und schütteln, etwa beim Wickeln!

IDEE FÜR DEN WICKELTISCH

6 Schüttelflaschen-Varianten

DU BRAUCHST:

- flüssige Lebensmittelfarbe nach Wahl
- Pflanzenöl
- kleine Plastikflasche (z.B. von einem Smoothie)

Schüttelflasche mit „Lava"

Gib ein paar Tropfen Lebensmittelfarbe und das Öl in die Plastikflasche, fülle sie mit Wasser und schüttle sie gut.

Wenn du den Deckel mit Sekundenkleber verschließt, eignet sich die Flasche später auch noch super für die Spielküche.

7

Schüttelflasche mit buntem Reis

DU BRAUCHST:

- kleine Plastikflasche (z.B. von einem Smoothie)
- eingefärbter Reis (s.S. 36)

8

Schüttelflasche mit Styroporkugeln

DU BRAUCHST:

- kleine Plastikflasche (z.B. von einem Smoothie)
- kleine bunte Styroporkugeln

Eine Spielfigur in der Flasche sorgt für zusätzlichen Spaß!

9

Schüttelflasche mit Pompons

DU BRAUCHST:

- kleine Plastikflasche (z.B. von einem Smoothie)
- kleine bunte Pompons

10 Lichterketten-Faszination

DU BRAUCHST:

- Lichterkette, batteriebetrieben

Wickel die Lichterkette um den Griffbereich des Buggys oder befestige sie mit Klammern an den Bogen der Babywanne.

Sensorik-Varianten 11

Sensorikreifen

DU BRAUCHST:
- Hula-Hoop-Reifen, verstellbar
- „Dekomaterial", z.B. Duschschwamm, Luftpolsterfolie, Wischmopp-Aufsatz, Geschenkbänder, Wollfäden, bunte Tücher
- Haargummis

Ein verstellbarer Hula-Hoop-Reifen eignet sich super für die 360-Grad-Babybeschäftigung: Öffne ihn und fädle alles Mögliche drauf (oder wickle es darum), was Unterhaltung verspricht und nicht kaputtbrechen kann, z.B. einen Duschschwamm, etwas Luftpolsterfolie, einen Wischmopp-Aufsatz. Zum Befestigen von Materialien bieten sich Haargummis an. Ein paar bunte Tücher, Wollfäden und Geschenkbänder kannst du einfach dranknoten.

12

Sensorikschirm

DU BRAUCHST:
- Regenschirm
- „Dekomaterial", z.B. Duschschwamm, Geschenkbänder, bunte Tücher

Spanne den Schirm über der Spieldecke auf und hänge die Unterhaltungsobjekte von innen hinein.

13 Ball im Schneebesen

DU BRAUCHST:
- Schneebesen
- kleiner Plastikball aus dem Bällebad

Ziehe die Drähte des Schneebesens an einer Stelle etwas auseinander und drücke den Ball hinein. Nun kann dein Baby beobachten, wie der Ball im Schneebesen hin und her kullert, während es ihn hält.

Perle im Teesieb 14

DU BRAUCHST:
- Teesieb
- Perle oder Pompom

Setze eine Perle oder einen Pompom in das Teesieb und gib es deinem Baby in die Hand.

Du kannst auch noch ein kleines Glöckchen in das Sieb setzen.

15 Haargummis am Ring

DU BRAUCHST:
- Holzring, z.B. Gardinenring
- Stoff-Haargummis

Lege die Haargummis um den Holzring und fädle sie durch ihre eigene Schlaufe. Probiere verschiedene Farbkombinationen aus und beobachte, wie dein Baby immer wieder aufs Neue darüber staunt.

Pfeifenputzer-Ring 16

DU BRAUCHST:
- Chenilledraht (Pfeifenputzer)
- große gerade Nudeln oder bunte Perlen

Fädle die Nudeln oder Perlen auf den Chenilledraht und biege ihn vorsichtig zu einem Kreis. Achte dabei darauf, dass das spitze Ende des Drahtes nicht so absteht, dass sich dein Baby daran verletzen könnte.

17 (Feucht-)Tücher-Box

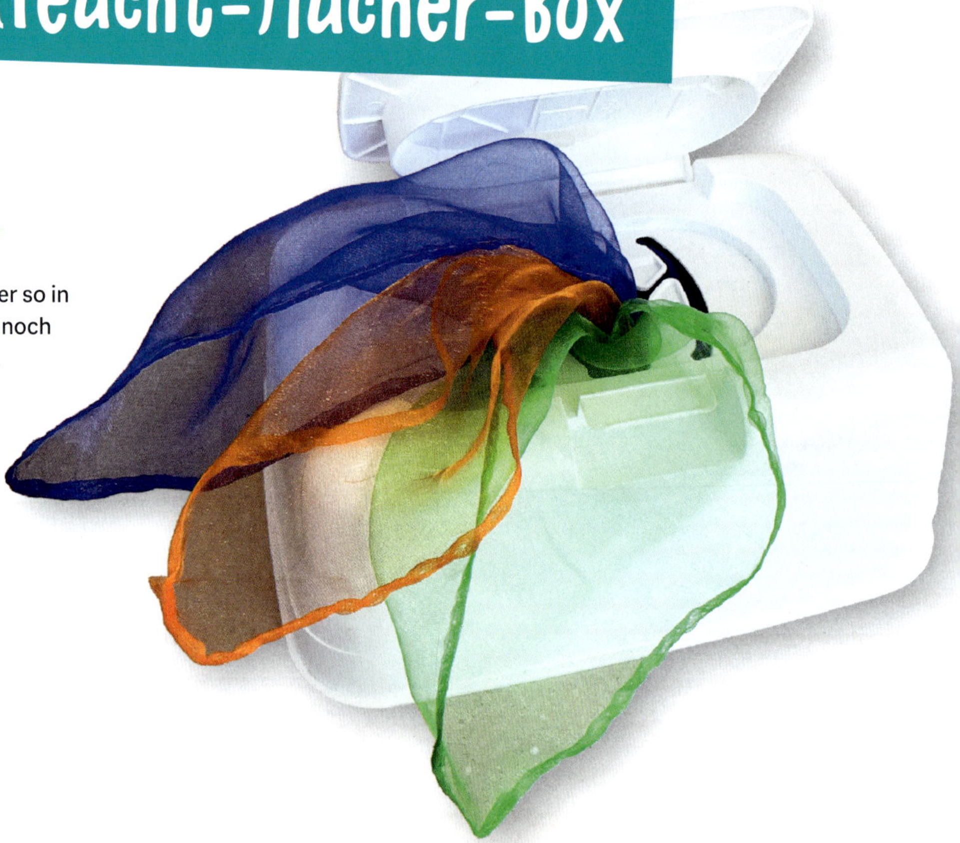

DU BRAUCHST:

- Feuchttücher-Box
- einige Jongliertücher

Stecke die bunten Tücher so in ie Box, dass vom ersten noch ein Zipfel herausschaut.

Nun kann dein Baby die Tücher aus der Box ziehen.

18 Drähte im Sieb

DU BRAUCHST:

- Küchensieb mit großen Löchern
- einige Stück Chenilledraht (Pfeifenputzer)

Stecke die Chenilledraht-Stücke in die Löcher des Siebs. Achte dabei darauf, dass die spitzen Enden nicht so abstehen, dass sich dein Baby daran verletzen könnte.

Lasse dein Baby den Chenilledraht wieder herauszuziehen.

19 O(ha)-Ball

DU BRAUCHST:
- Oball
- einige Jongliertücher

Ziehe ein paar bunte Tücher in den Greifball hinein und lasse jeweils einen Zipfel herausschauen.

Nun kann dein Baby die Tücher aus dem Ball ziehen.

Flaschen-Zug 20

DU BRAUCHST:
- Nagelschere
- kleine Plastikflasche mit großer Öffnung (z.B. von einem Smoothie)
- schmales Geschenkband

Bohre mit der Nagelschere ein paar Löcher in den Deckel der Flasche und fädle kurze Stücke des Geschenkbands hindurch.

Strohhalme stecken

21

DU BRAUCHST:
- Essstäbchen oder Stricknadel
- Eierkarton
- 5 stabile Papierstrohhalme

Stich mit dem Essstäbchen von unten Löcher in die Mulden eines Eierkartons.

Halbiere die Strohhalme.

Lass dein Baby die 10 halben Strohhalme in die Löcher stecken.

Steckspiel-Varianten

Karten stecken

22

DU BRAUCHST:
- Teppichmesser
- Versandkarton
- Spielkarten

Schneide mit dem Teppichmesser einen Schlitz in den Versandkarton, durch den deine Spielkarten passen. Nun kann dein Baby die Karten durch den Schlitz in den Karton stecken!

Sortierspiel-Varianten

23

Bälle statt Muffins

DU BRAUCHST:
- Muffinform
- 12 Bälle aus dem Bällebad

Zeige deinem Baby, wie du einen Ball in eine Form im Muffinblech setzt, und gib ihm selbst einen Ball in die Hand – es wird es von ganz alleine nachmachen!

24

Pompoms statt Pralinen

DU BRAUCHST:
- Pralinenform
- einige Pompoms

Zeige deinem Baby, wie du einen Pompom in eine Mulde in der Pralinenform setzt, und gib ihm selbst einen Pompom in die Hand – es wird es von ganz alleine nachmachen!

Kram in Tüten

25

DU BRAUCHST:

- einige Gefrierbeutel mit Zip-Verschluss
- kleinteiliges Füllmaterial, z. B. Pompoms, Styroporkugeln, Perlen, Strohhalme
- Malerkrepp oder Masking Tape

Fülle Gefrierbeutel mit Zip-Verschluss mit kleinteiligen Materialien und klebe die Beutel mit Malerkrepp auf dem Boden oder dem Hochstuhltisch fest.

26

Kram an Schnur

DU BRAUCHST:

- kleinteilige „Gegenstände mit Loch", z. B. Perlen, Knöpfe, Strohhalmstücke
- Nylonschnur
- Stuhl

Fädle einige „Gegenstände mit Loch" auf die Nylonschnur und spanne diese unten zwischen zwei Stuhlbeinen. Knote die Schnur auf beiden Seiten gut fest.

Nun kann dein Baby die Perlen etc. ganz sicher herumschieben und genauer anschauen.

27

Hokuspokus Verschwindibus

DU BRAUCHST:
- Feuchttücher-Box
- einige Spielzeugtiere oder Bauklötze

Zeige deinem Baby, wie man das Spielzeug in die Box drückt, und lasst gemeinsam eines nach dem anderen in der Box „verschwinden".

28

Spielzeug-Knast

DU BRAUCHST:
- verschiedenes Spielzeug
- Wäschekorb
- Garn

Lege ein paar Spielsachen deines Babys in den Wäschekorb und fädle einen langen Garnfaden kreuz und quer darüber. Die Enden des Fadens fest anknoten.

Teste nun, ob dein Baby sein Spielzeug schon eigenständig aus dem Korb befreien kann.

29 Gummi-Rolle

DU BRAUCHST:
- Küchenrollenhalter
- einige Stoff-Haargummis

Zeig deinem Baby, wie man ein Haargummi über den Küchenrollenhalter fädelt, und gib ihm selbst ein Haargummi in die Hand – es wird es von ganz alleine nachmachen!

30 Krabbel-Tunnel

DU BRAUCHST:
- Teppichmesser
- Versandkarton, groß
- Bastel-Kreppband
- Klebefilm

Schneide mit dem Teppichmesser einen Ein- und einen Ausgang in den Karton.

Schneide die Kreppbänder so zu, dass sie genau in den Ein- und Ausgang hineinpassen, unnd befestige sie jeweils mit etwas Klebefilm oberhalb der „Türen".

Nun kann dein Baby durch den Vorhang hinein- und wieder herauskrabbeln!

Seilbahn-Varianten 31

Ausstecher-Seilbahn

DU BRAUCHST:

- Kunststoff-Keksausstecher
- Seil

Fädle die Keksausstecher auf das Seil.

Nun kann dein Baby die Ausstecher hin und her schieben.

! Suche für die folgenden Ideen zunächst eine geeignete Stelle in der Wohnung, um ein Seil zu spannen. Das Seil muss so tief hängen, dass dein Kind noch gut drankommt, und so hoch, dass niemand darüber stolpert. Wenn das Seil zwischen zwei Schubladen gespannt werden soll, müssen diese eine Kindersicherung haben.

Klorollen-Seilbahn 32

DU BRAUCHST:

- einige Klorollen
- Seil

Schneide jede Klorolle in drei Teile und fädle die Drittel auf das Seil.

Nun kann dein Baby die Klorollendrittel hin und her schieben.

Wer mag, kann die Klorollen vorher bunt anmalen; dann vor dem Auffädeln gut trocknen lassen.

Sensory Bag-Varianten

33

Sensory Bag mit Haargel

DU BRAUCHST:

- Haargel
- Lebensmittelfarbe nach Wahl
- kleinteiliges Füllmaterial, z.B. Pompoms, Glitzersterne, Knöpfe, Silberperlen
- Gefrierbeutel mit Zip-Verschluss
- Malerkrepp oder Masking Tape

Rühre etwas Lebensmittelfarbe in eine kleine Menge Haargel ein und fülle das Gel zusammen mit dem Füllmaterial in den Gefrierbeutel mit Zip-Verschluss.

Befestige die Sensory Bag babysicher mit Malerkrepp auf dem Boden oder dem Hochstuhltisch.

Sei sparsam mit dem Haargel und füge lieber am Ende noch etwas hinzu, wenn es zu wenig sein sollte.

Sensory Bag mit buntem Reis

DU BRAUCHST:

- eingefärbter Reis (s.S.36)
- Gefrierbeutel mit Zip-Verschluss
- Malerkrepp oder Masking Tape

Fülle bunten Reis in den Gefrierbeutel mit Zip-Verschluss und verschließe den Beutel.

Befestige die Sensory Bag babysicher mit Malerkrepp auf den Boden oder dem Hochstuhltisch.

34

35

Sensory Bag mit Rasierschaum

DU BRAUCHST:

- Rasierschaum
- Gefrierbeutel mit Zip-Verschluss
- Bastelfarbe nach Wahl
- Malerkrepp oder Masking Tape

Sprühe eine kleine Menge Rasierschaum in den Gefrierbeutel mit Zip-Verschluss und füge etwas Bastelfarbe hinzu.

Verschließe den Beutel und befestige ihn babysicher mit Malerkrepp auf den Boden oder dem Hochstuhltisch.

Nun kann dein Baby die Farbe vermischen.

Sensory Bag mit „Lava"

DU BRAUCHST:

- Wasser
- Lebensmittelfarbe nach Wahl
- Pflanzenöl
- Gefrierbeutel mit Zip-Verschluss
- Malerkrepp oder Masking Tape

Vermische zuerst ein wenig Wasser mit etwas Lebensmittelfarbe und dann mit etwas Öl.

Fülle den Gefrierbeutel mit Zip-Verschluss mit der Mischung, verschließe den Beutel und befestige die Sensory Bag babysicher mit Malerkrepp auf den Boden oder dem Hochstuhltisch.

Sei sparsam mit dem gefärbten Wasser und füge lieber am Ende noch etwas hinzu, wenn es zu wenig sein sollte.

36

Kunst unter Folie

37

DU BRAUCHST:

- Bastelfarbe nach Wahl
- Papier, A4
- Luftpolsterfolie, A4
- Malerkrepp oder Masking Tape

Verteile Bastelfarbe auf dem Papier und lege die Luftpolsterfolie darauf.

Befestige Papier und Folie babysicher mit Malerkrepp auf dem Hochstuhltisch.

Nun kann dein Baby ganz ohne Flecken mit den Fingern malen!

Seifenblasen 38

DU BRAUCHST:
- 300 ml destilliertes Wasser, lauwarm
- 90 ml Spülmittel
- 45 ml Zuckerrüben-Sirup

Einfaches Nachfüllrezept für die Seifenblasen-Flasche: Alle Zutaten miteinander verrühren, bis sich das Spülmittel und der Sirup aufgelöst haben. Die Mischung eine Stunde stehen lassen, umrühren und los geht's!

39 Fester Spielschaum

DU BRAUCHST:
- Wasser
- Spülmittel
- Lebensmittelfarbe nach Wahl (optional)
- große Rührschüssel

Gib Wasser und Spülmittel (und für bunten Schaum Lebensmittelfarbe) in die Rührschüssel und schlage alles zu einem festen Schaum auf.

Nun kann dein Baby in der Wanne, im Planschbecken oder am Lernturm am Waschbecken mit haltbarem Schaum spielen.

Bunte Spaghetti

40

DU BRAUCHST:
- Lebensmittelfarbe nach Wahl
- Spaghetti

Bringe Wasser zum Kochen und rühre je nach gewünschter Farbintensität ein paar bis mehrere Tropfen Lebensmittelfarbe ein.

Gib die Spaghetti hinein und koche sie wie gewohnt.

Lauwarm kann dein Baby wunderbar damit spielen.

Bunter Reis

41

DU BRAUCHST:
- Wasser
- Lebensmittelfarbe nach Wahl
- Reiskörner
- Gefrierbeutel
- Zeitungspapier

Verrühre sehr wenig Wasser mit etwas Lebensmittelfarbe und stelle es beiseite.

Fülle die gewünschte Menge Reiskörner in den Gefrierbeutel, gib das Farbwasser dazu und knete alles schön durch. Lässt sich die Farbe zu schlecht verteilen, füge noch (sehr wenig) Wasser hinzu.

Lasse den Reis mindestens zwei Stunden im Gefrierbeutel, bis er die Farbe gut aufgesaugt hat.

Breite den bunten Reis dann zum Trocknen auf Zeitungspapier aus, am besten über Nacht, bis keine Farbe mehr an den Fingern haften bleibt.

Zauberteig

42

DU BRAUCHST:
- 30 ml Wasser
- Lebensmittelfarbe nach Wahl
- 500 g Mehl
- große Frischhaltedose
- 80 ml Pflanzenöl

Verrühre das Wasser mit etwas Lebensmittelfarbe.

Fülle das Mehl in die große Frischhaltedose, gib das Farbwasser hinzu und füge das Öl hinzu.

Verknete die Zutaten zu einem krümeligen „Teig“ und warte, bis keine Farbe mehr an den Fingern haften bleibt.

43 Essbarer Sand

DU BRAUCHST:
- 130 g Zwieback

Püriere den Zwieback, bis du feinen Sand erhältst.

Dieser essbare Sand eignet sich auch wunderbar für Motivtorten oder als Zutat in Kuchenböden!.

44

Osterspaß I: Papp-Osterei

DU BRAUCHST:

- unbedruckter Karton, stabil (z. B. die Innenseite einer Cerealien-Verpackung)
- Gefrierbeutel mit Zip-Verschluss
- Bastelfarbe
- Malerkrepp

Male in der Größe des Gefrierbeutels die Konturen eines Eis auf die bedruckte Seite des Kartons und schneide das Ei aus.

Klebe auf die unbedruckte Seite des Eis in regelmäßigen Abständen Malerkreppstreifen auf, um ein Muster zu erzielen.

Gib etwas Bastelfarbe auf das Papp-Ei und lege es in den Gefrierbeutel.

Verschließe den Beutel und befestige ihn mit Malerkrepp auf dem Hochstuhltisch. Nun kann dein Baby die Farbe verstreichen, ohne alles zu bekleckern.

Wenn es mit dem „Bemalen“ fertig ist, nimm das Ei vorsichtig aus dem Beutel und streife überschüssige Farbe ab; dann trocknen lassen.

Zum Schluss musst du nur noch das Malerkrepp abziehen und schon ist sie fertig, eure erste Osterbastelei.

45

Osterspaß II: Eier sortieren

DU BRAUCHST:

- 10er-Eierkarton
- 10 bunte Plastikeier

Zeig deinem Baby, wie du ein Ei in den Eierkarton setzt, und gib ihm selbst ein Ei in die Hand. Es wird es dir von ganz alleine nachmachen – immer wieder rein und raus!

Osterspaß III: Glockenspiel

46

DU BRAUCHST:
- zwei Glöckchen vom Schokohasen

Ziehe deinem Baby die Glöckchen über die Füße und freut euch gemeinsam über die schöne „Musik", die es damit macht!

Osterspaß IV: Eier-Schnur

47

DU BRAUCHST:
- Nylonschnur
- bunte Plastikeier, befüllbar

Fädle eine Nylonschnur durch die kleinen Löcher, die in den Plastikeiern produktionsbedingt vorhanden sind. Knote dann die Schnur zwischen zwei Stuhlbeinen fest und lass dein Baby die Eier an der Schnur drehen.

Eine tolle Beschäftigung, wenn dein Baby es gerade geschafft hat, sich auf den Bauch zu drehen.

Osterspaß V: Rassel-Eier

48

DU BRAUCHST:
- bunte Plastikeier, befüllbar
- „lautes" Füllmaterial, z.B. Nudeln, Kaffeebohnen, Reiskörner, getrocknete Kidneybohnen oder andere Hülsenfrüchte
- Klebeband

Befülle einige Plastikeier mit Lebensmitteln, die ordentlich Geräusche machen beim Schütteln. Klebe den Verschluss mit Klebeband zu. Die meisten Babys können die Eier ganz schnell selbständig halten und schütteln, etwa beim Wickeln!

Weihnachtsspaß I: Klorollen-Baum

49

DU BRAUCHST:

- 11 halbe Klorollen
- Kartonrest, groß
- Bleistift
- Heißkleber
- Plastikbaumkugeln

Stelle die halben Klorollen auf der Kartonunterlage dicht aneinander, sodass sich eine Tannenbaumform ergibt. Zwei weitere halbe Klorollen bilden den Stamm.

Zeichne den Umriss des Baumes nach, nimm die Klorollen herunter und schneide die Baumform aus dem Karton aus.

Klebe die Rollen dann mit Heißkleber auf den Pappbaum und lass den Kleber gut trocknen.

Zeige deinem Baby, wie du eine Baumkugel in eine Klorolle setzt, und gib ihm selbst eine Kugel in die Hand – es wird es von ganz alleine nachmachen!

Weihnachtsspaß II: Glockenring

50

DU BRAUCHST:

- einige Glöckchen vom Schoko-Weihnachtsmann
- Garn
- Holzring, z.B. Gardinenring

Knote einen langen Faden Garn an dem Holzring fest und befestige jeweils ein Glöckchen daran, bevor du den Faden weiter um den Ring wickelst. Befestige so viele Glöckchen an dem Faden, bis der ganze Ring eingerahmt ist wie eine Mini-Schelle.

Wenn dein Baby den Ring hält, könnt ihr zu seinem Glockenspiel Weihnachtsklassiker singen wie „Jingle Bells" oder „Jingle Bell Rock".

51

Weihnachtsspaß III: Santas Bart

DU BRAUCHST:

- Filzstift in Schwarz
- Kontaktpapier
- Masking Tape
- Füllwatte

Male auf die Rückseite des Kontaktpapiers ein Weihnachtsmanngesicht mit langem Bart auf.

Ziehe das Schutzpapier ab und klebe das Kontaktpapier mithilfe des Masking Tapes mit der nicht klebenden Seite auf die Fensterscheibe. Da die Klebeseite vorne ist, kann dein Baby nun mit Füllwatte Santas Bart ganz einfach kuschelig-weiß bekleben.

52

Weihnachtsspaß IV: Geschenkband am Ring

DU BRAUCHST:

- 3 möglichst unterschiedliche Stoff-Geschenkbänder
- Holzring, z.B. Gardinenring

Wasche die Stoffbänder (in einem Wäschesack im Schonwaschgang) und lasse sie trocknen.

Fädle oder binde die Bänder um den Holzring und lass dein Baby mit dem Ring spielen.

Weihnachtsspaß VI: Glitzer-Schüttelflasche

53

DU BRAUCHST:

- kleine Plastikflasche mit großer Öffnung (z.B. von einem Smoothie)
- Streuflitter
- Papier, A4
- Sekundenkleber

Fülle den Streuflitter vorsichtig in die Plastikflasche, indem du das Blatt Papier zusammenrollst und als Trichter nutzt.

Befülle die Flasche mit Wasser und verschließe den Deckel babysicher mit Sekundenkleber.

54

Weihnachtsspaß V: Geschenkpapier zerreißen

DU BRAUCHST:

- Geschenkpapierreste

Hebe die gebrauchten Geschenkpapiere nach der Bescherung auf und gib sie deinem Baby zum Zerknüllen und Zerreißen.

55 Weihnachtsspaß VII: Santa füttern

DU BRAUCHST:

- Filzstift in Schwarz
- Bastelfarbe in Rot
- Pinsel
- Versandkarton
- Teppichmesser oder spitze Schere
- Heißkleber + Füllwatte (optional)
- Kartonreste

Je kleiner dein Kind ist, desto wahrscheinlicher ist es, dass es den Bart aus Füllwatte einfach abreißt. Dann vielleicht besser darauf verzichten. !

Male mit dem Filzstift und der Bastelfarbe ein Weihnachtsmann-Gesicht mit roter Mütze auf den Versandkarton. Die Farbe gut trocknen lassen.

Schneide mit dem Teppichmesser eine Öffnung für den Mund in den Karton und klebe optional mit Heißkleber etwas Füllwatte als Bart an.

Während alles trocknet, aus den Kartonresten Kekse ausschneiden und optional mit dem Filzstift Schokostückchen aufmalen.

Nun kann dein Baby mit den Keksen den hungrigen Santa füttern!

56

Hast du Angst, dass dein Kind den Baumschmuck abräumt und kaputt macht? Dann schmücke deinen Baum doch mit bezaubernden, blitzschnell gemachten Sternen aus Klopapierrollen – garantiert unkaputtbar und trotzdem so hübsch! Drücke dafür einfach ein paar Klopapierrollen flach und schneide sie in schmale Streifen, falte jeden Streifen einmal in der Mitte und klebe jeweils sechs Streifen mit Heißkleber aneinander. Vor dem Aufhängen gut trocknen lassen!

Geburtstagsspaß I:

57 Party-Tür

DU BRAUCHST:

- Luftballons
- Geschenkband, Garn oder Nylonschnur
- Klebeband
- Bastel-Kreppband

Puste einige bunte Luftballons auf und binde jeweils ein mal mehr, mal weniger langes Stück Geschenkband daran. Klebe die Ballons dann in den Türrahmen, sodass sie einen „Vorhang" bilden. Befestige dazwischen ebenfalls mit Klebeband ein paar Rollen buntes Kreppband.

Geburtstagsspaß II: 1-Jahres-Torte

58

DU BRAUCHST:

Für den Teig:
- 3 große reife Bananen
- 1 Apfel, gerieben
- 2 Eier
- 4 EL Dattelsirup
- 30 ml Rapsöl
- 300 g Dinkelvollkornmehl
- 1 EL Backpulver

Für die Creme:
- 500 g TK-Himbeeren
- 2 EL Dattelsirup
- 300 g Mascarpone
- 1 Pck. Sahnesteif
- 250 g Schlagsahne

Außerdem:
- Lieblingsobst deines Kindes
- 1 Geburtstagskerze

Heize den Backofen auf 170 °C (Umluft) vor und fette eine Springform (ø 20 cm) ein.

Zerdrücke die 3 Bananen mit einer Gabel und vermenge sie mit dem geriebenen Apfel und den beiden Eiern.

Rühre 4 EL Dattelsirup und 30 ml Rapsöl unter und füge dann 300 g Dinkelvollkornmehl und 1 Pck. Backpulver hinzu.

Alle Zutaten mit einem Handrührer zu einem homogenen Teig vermengen, den Teig in die Springform geben und im heißen Ofen ca. 1 Std. backen.

Püriere in der Zwischenzeit mit einem Stabmixer 500 g TK-Himbeeren mit 2 EL Dattelsirup, 300 g Mascarpone, 1 Pck. Sahnesteif und 250 g Schlagsahne.

Stelle die Creme kühl.

Wenn der Teig fertig gebacken und abgekühlt ist, halbiere ihn vorsichtig waagerecht, sodass du zwei dünnere Böden erhältst.

Verteile mit einem Spachtel etwas Creme auf dem ersten Boden und gib ein wenig vom Lieblingsobst deines Kindes darauf.

Setze nun vorsichtig den zweiten Boden darauf, überziehe die Torte ganz mit Creme und spritze ggf. mit einer Garnierspritze einen Creme-Rand rundherum.

Verteile auch oben auf der Torte ein wenig vom Lieblingsobst deines Kindes und stecke zum Schluss die Geburtstagskerze in die Mitte!

Kapitel 2

IDEEN AB 1 JAHR

Steckspiel-Varianten

59

Pompons stecken

DU BRAUCHST:

- große bunte Pompoms
- Oball

Drücke abwechselnd mit deinem Kind die bunten Pompoms in die Löcher des Oballs.

Lasse dein Kind die Pompoms anschließend wieder herausziehen.

60

Bauklötze stecken

DU BRAUCHST:

- Du brauchst:
- Bauklötze
- kleiner Pappkarton
- Bleistift
- Teppichmesser
- Bastelfarbe

Zeichne die Umrisse der Bauklötze mit Bleistift auf den Pappkarton und schneide die Formen sauber mit dem Teppichmesser aus.

Male rund um die Öffnungen mit Bastelfarbe die Formen auf.

Lasse alles gut trocknen.

61

Perlen stecken

DU BRAUCHST:
- kleiner Karton
- Markierungssticker, ø 5 cm
- Nagelschere
- Bastelfarbe
- bunte Holzperlen

Klebe die Markierungssticker in den Farben der Perlen auf den Karton.

Schneide dann mit der Nagelschere in die Mitte der bunten Kreise kleine Löcher für die Perlen.

Lasse dein Kind die Perlen durch die Löcher drücken.

Hier lernt das Kind das Stecken nach Farben.

Eisstiele stecken

62

DU BRAUCHST:
- Bastelfarbe
- Eisstiele oder Bastelhölzer
- Eierkarton
- Nagelschere

Bemale die Eisstiele in verschiedenen Farben und male in denselben Farben bunte Kreise auf die Unterseite des Eierkartons auf.

Sobald die Farbe trocken ist, schneide mit der Nagelschere in jeden Farbkreis einen kleinen Schlitz.

Lasse das Kind die Eisstiele in die Schlitze stecken.

Badespaß-Varianten

63

Mit Rasierschaum malen

DU BRAUCHST:

- Rasierschaum
- leere Joghurtbecher
- Bastelfarbe
- Pinsel

Sprühe etwas Rasierschaum in jeden Becher und verrühre den Rasierschaum jeweils mit einer Farbe.

Dein Kind kann mit Pinsel und buntem Rasierschaum die Innenseite der Wanne bemalen – oder seine Knie oder Beine.

64

Mit Joghurt malen

DU BRAUCHST:

- Naturjoghurt
- leere Joghurtbecher
- Lebensmittelfarbe
- Pinsel

Gib etwas Joghurt in jeden Becher und verrühre ihn jeweils mit einer Lebensmittelfarbe.

Lasse dein Kind Knie oder Beine mit buntem Joghurt „bemalen".

Vor dem Baden kann dein Kind mit dem Finger die Farbe wieder abnehmen und den Finger ablecken.

65

Bälle fischen

DU BRAUCHST:
- Bälle aus dem Bällebad
- kleines Küchensieb

Dein Kind nimmt die Bälle mit in die Badewanne.

Zusammen könnt ihr nun ein Farbspiel machen: Du nennst eine Farbe und dein Kind muss mit dem Sieb den Ball in dieser Farbe „herausfischen“.

66

In Pompoms baden

DU BRAUCHST:
- viele bunte Pompoms

Beim nächsten Badetag plantscht dein Kind inmitten von vielen bunten Pompoms in der Badewanne.

Nimm nach dem Baden alle Pompoms wieder heraus, drücke sie kräftig aus und stecke sie in einen Wäschebeutel. Im Trockner werden sie ruckzuck wieder trocken.

Bänder abwickeln 67

DU BRAUCHST:
- Geschenkband auf der Rolle
- Klopapierrolle (optional)

Stecke die Rolle mit Geschenkband auf die Klopapierhalterung. Wenn die Halterung sehr groß ist, wickle das Band vorher auf eine leere Klopapierrolle und befestige es mit etwas Klebeband.

Lasse das Kind das Band abrollen – und vielleicht sogar wieder aufrollen.

68 Haargummis aufhängen

DU BRAUCHST:
- Haargummis

Nimm die Klopapierrolle von der Halterung im Badezimmer.

Zeige deinem Kind, wie es die Haarbänder an die Halterung hängen kann.

69 Duschbilder malen

DU BRAUCHST:

- Malvorlagen
- Malerkrepp
- Klebeband
- (Fenstermal-)Stifte

Klebe mit Malerkrepp einige Malvorlagen an die Duschwand und gib deinem Kind Stifte zum Malen. Ideal sind Fenstermalstifte, denn sie lassen sich gut abwischen.

Du suchst geeignete Motive zum Ausmalen für die Kleinen? Dann ist dieses Malbuch genau richtig: „Mein allererstes Kritzelbuch ab 1 Jahr" von Josephine Jones (s. S. 126). Auch die Motive vom Foto findest du darin.

70 Wickelschaf

DU BRAUCHST:
- flauschige weiße Wolle
- Karton
- Filzstift

Male auf ein Stück Karton ein Schäfchen mit großem rundem Bauch und nettem Gesicht auf und schneide es aus.

Befestige das Ende des Wollfadens mit etwas Klebeband an der Rückseite des Kartonschafs und umwickle es, bis der Schafkörper ganz eingewickelt ist.

Nun kann dein Kind das Wollkleid dem Schaf immer wieder aus- und anziehen.

71 Kartonhaus mit Fenstern

DU BRAUCHST:
- großer Versandkarton
- Filzstifte, Bastelfarbe oder Acryl-Marker (optional)
- Spielzeugtier

Schneide mit der Schere einige Fenster in den Karton. Du kannst das Haus zusätzlich schön bemalen.

Spiele nun mit deinem Kind Guck-Guck: Immer, wenn du „Guck-Guck" rufst, lasse das Tier durch ein Fenster schauen. Dein Kind wird gespannt sein, in welchem Fenster das Tier als Nächstes zu sehen sein wird.

72 Tiere im Pompombad

DU BRAUCHST:
- bunte Pompoms in allen Größen
- Karton
- Spielzeugtiere

Fülle einen Karton randvoll mit bunten Pompoms. Verstecke darin die Spielzeugtiere.

Lasse dein Kind alle Tiere im Pompombad suchen.

Gesichterhaus 73

Ideal für längere Autofahrten.

DU BRAUCHST:
- Fotos von Menschen, die dein Kind gut kennt
- Kraftkleber
- fester Karton
- Fotokarton in verschiedenen Farben
- Filzstifte

Entscheide anhand der Größe der Fotos, wie groß das Klappspiel werden soll.

Schneide zuerst aus dem Karton die Form eines Hauses aus. Beklebe das Haus mit Fotokarton. Klebe die Fotos als Fenster auf.

Schneide für jedes Fenster ein etwas größeres Rechteck aus Fotokarton aus. Bemale die Rechtecke nach Belieben.

Lege auf jedes Foto ein Rechteck und klebe es an einer Längsseite fest. So kannst du den Fensterladen nach dem Trocknen noch öffnen.

Dein Kind wird hinter jedem Fensterladen einen Menschen entdecken, den es gut kennt.

Bunte Eiswürfel

74

DU BRAUCHST:
- Eiswürfel
- große Schüssel
- Pinsel
- Bastelfarbe

Fülle die Eiswürfel in die Schüssel und lege Pinsel und Farbe bereit.

Dein Kind kann nun die Eiswürfel bunt bemalen.

Kreativ und prima zum Abkühlen!

Eiscreme ohne Zucker

75

DU BRAUCHST:
- 100 g Quark oder Naturjoghurt
- 2 EL Sahne
- 6 Erdbeeren, tiefgefroren
- ½ Banane, tiefgefroren

Püriere Quark oder Joghurt und Sahne mit dem Obst im Blender oder mit dem Stabmixer.

Serviere die Eiscreme sofort.

Es lohnt sich, reife Bananen einzufrieren. Banane sorgt für die nötige Süße in der Eiscreme. Statt Erdbeeren kannst du auch ein anderes Obst verwenden. Wenn du es süßer magst oder die Banane weglassen möchtest, kannst du Honig oder Dattelsirup einrühren.

76

Garage streichen

DU BRAUCHST:
- Wasser
- Eimer
- Farbrolle

Fülle Wasser in den Eimer. Nun kann dein Kind mit der Farbrolle die Hauswand oder die Garage „streichen".

77

Auto waschen

DU BRAUCHST:
- Eimer
- weicher Schwamm oder Lappen

Dein Kind hilft dir bestimmt gern beim Autowaschen.

Fülle den Eimer mit Wasser und gib deinem Kind einen Schwamm. Los geht's!

78

Bunte Kartons

DU BRAUCHST:
- großer Pappkarton
- Bastelfarbe
- Pinsel

Stelle Bastelfarbe und Pinsel bereit. Dein Kind kann nun den großen Karton bunt bemalen.

Nach dem Malen kannst du dein Kind im Planschbecken waschen!

79 Fest verschlossen

DU BRAUCHST:

- Karton
- Moosgummi
- Reißverschlüsse
- Heißkleber

Schneide das Moosgummi in der Größe der Kartonplatte zu und klebe es mit dem Heißkleber auf.

Klebe darauf die Reißverschlüsse in Streifen nebeneinander.

Festgeknöpft 80

DU BRAUCHST:

- Bastelfilz in verschiedenen Farben
- Filzstift
- große Knöpfe
- Nähnadel
- Garn, Nylonschnur oder Gummiband

Schneide aus buntem Filz einfache Formen aus (z.B. Kreis, Quadrat, Dreieck).

Lege die Formen auf eine Filzplatte und ziehe mit einem Filzstift die Umrisse nach.

Fädle das Garn in die Nähnadel und nähe einen Knopf in die Mitte jedes aufgemalten Umrisses.

Schneide einen schmalen Schlitz in die ausgeschnittenen Formen.

Dein Kind kann die Filzformen auf die passenden Umrisse legen und festknöpfen.

Festgezogen 81

DU BRAUCHST:
- dickes Gummiband
- 5 große Knöpfe
- Eierkarton
- Stricknadel oder Essstäbchen

Nähe mit dickem Gummiband 5 Knöpfe nebeneinander auf der Unterseite des Eierkartons fest.

Bohre auf der gegenüberliegenden Seite mit der Stricknadel oder dem Essstäbchen fünf Löcher in den Eierkarton.

Ziehe die Gummibandschlaufen durch und verknote die Enden von unten.

82 Festgedreht

DU BRAUCHST:
- Quetschie-Verschlüsse
- kleiner Versandkarton
- Markierungssticker in passenden Farben, ø 5 cm
- Heißkleber

Trenne mit einer Schere die Quetschie-Verschlüsse von ihrer Verpackung und säubere sie gründlich.

Klebe die Markierungssticker in den Farben der Verschlüsse auf einen kleinen Karton.

Klebe die Verschlüsse mit Heißkleber mitten auf jeden Sticker.

Wenn der Kleber getrocknet ist, kann dein Kind die Verschlüsse auf- und zudrehen.

Buntes mit Fingerfarbe

83 Grundrezept für Fingerfarben

DU BRAUCHST:

- 5 EL Mehl
- 100 ml Wasser
- 1 EL Salz
- Lebensmittelfarben
- Schneebesen

Verquirle die Zutaten mit dem Schneebesen zu einer glatten Masse.

Rühre die Lebensmittelfarbe unter. Gib immer etwas mehr hinzu, bis du die gewünschte Farbe erhältst.

Lust auf Experimente mit anderen Materialien? Los geht's!

84 Korken

DU BRAUCHST:

- Flaschenkorken
- Fingerfarbe
- Papier

Mit Korken kann dein Kind bunte Punkte auf Papier stempeln.

85 Schwamm

DU BRAUCHST:

- Küchenschwamm
- Fingerfarbe
- Papier

Schneide aus einem Küchenschwamm Formen aus. Damit kann dein Kind bunte Motive auf das Papier stempeln. einen Schwamm. Los geht's!

86

Luftpolsterfolie

DU BRAUCHST:
- Luftpolsterfolie
- Fingerfarbe
- Papier

Schneide die Luftpolsterfolie in größere Stücke.

Lasse dein Kind die Folie in die Fingerfarbe tauchen und damit Noppenmuster stempeln.

87

Wattebausch

DU BRAUCHST:
- Watte
- Wäscheklammer
- Fingerfarbe
- Papier

Teile die Watte in kleine Stücke und stecke eine Wäscheklammer als Griff auf.

Dein Kind kann die Wattebäusche in die Fingerfarbe tauchen und das Papier damit bestempeln.

Kunstkarte 88

DU BRAUCHST:
- Kinderbild
- leere Faltkarte
- Klebstoff
- Farbstifte oder Filzstifte

Schneide aus einem bunten Kinderbild Formen aus – z. B. ein Rechteck für ein Geschenk, ein Herz zum Valentinstag, einen Tannenbaum für Weihnachten.

Klebe die Form vorn auf eine Faltkarte und beschrifte und verziere die Karte je nach Anlass.

Tiere befreien

Vom Malerkrepp

89

DU BRAUCHST:
- Malerkrepp
- Spielzeugtiere

Klebe einige Tiere mit Malerkrepp auf eine glatte Oberfläche.

Lasse dein Kind die Tiere befreien.

90

Aus dem Wasser

DU BRAUCHST:
- große Aufbewahrungsbox
- Spielzeugtiere
- Malerkrepp
- Küchenzange oder Schöpfkelle

Fülle eine große Aufbewahrungsbox mit Wasser und Spielzeugtieren.

Klebe Malerkreppstreifen kreuz und quer über das Behältnis.

Mit der Zange oder Schöpfkelle kann dein Kind die Tiere aus dem Wasser heben.

91

Aus Alufolie

DU BRAUCHST:
- Reste von Alufolie
- Spielzeugtiere

Wickle Spielzeugtiere in Alufolie ein und lasse dein Kleinkind sie auspacken.

Kann das Kind die eingepackten Tiere durch Tasten erraten? Mache ein Spiel daraus!

Zur Weihnachtszeit eignen sich Reste von Geschenkpapier.

92

Aus Zeitungspapier

DU BRAUCHST:
- altes Zeitungspapier
- Gummibänder
- Spielzeugtiere

Packe Spielzeugtiere in Zeitungspapier ein und umwickle sie mit Gummibändern.

93

Aus Gummibändern

DU BRAUCHST:
- Bauklötze
- Gummibänder
- Spielzeugtiere

Stecke immer ein Tier zwischen zwei Bauklötze und halte sie mit Gummibändern zusammen.

Spaghetti-Clown

94

DU BRAUCHST:
- Knete
- Spaghetti
- Cerealien in Kringelform

Forme eine Kugel aus Knete und stecke die Spaghetti hinein. Wenn du magst, kannst du auch noch ein Knete-Gesicht formen.

Dein Kind kann die Cerealien auf die Spaghetti stecken.

95

Strohhalm-fühler

DU BRAUCHST:
- Strohhalme
- Knete
- Rigatoni

Forme eine Kugel aus Knete und stecke die Strohhalme hinein.

Zeige deinem Kind, wie es die Rigatoni auf die Strohhalme steckt.

Pfauenfedern 96

DU BRAUCHST:
- Moosgummi in Blau, Gelb und Weiß
- Heißkleber
- kleiner Versandkarton
- Stricknadel oder Essstäbchen
- Filzstift in Schwarz
- Bastelfedern

Schneide zunächst aus blauem Moosgummi die grobe Form eines Pfaus sowie Flügel, Augen und Schnabel aus.

Klebe mit Heißkleber alle Teile für den Pfau auf den Versandkarton.

Steche mit der Stricknadel oder dem Essstäbchen Löcher rund um den Körper des Pfaus.

Male mit dem Filzstift die Augen auf.

Sobald der Kleber getrocknet ist, kann dein Kind die Federn in die Löcher stecken.

Spaghetti-Stacheln 97

DU BRAUCHST:
- Küchensieb
- Spaghetti

Drehe das Küchensieb um.

Stecke nun abwechselnd mit deinem Kind die Spaghetti in die Sieblöcher.

Barfußpfad 98

DU BRAUCHST:

- Moosgummiplatten
- Federn
- Strohhalme
- Luftpolsterfolie
- Zahlen oder Buchstaben aus Moosgummi
- hochfloriger Wischmop-Bezug
- Heiß- oder Kraftkleber

Klebe die verschiedenen Materialien mit Heißkleber oder Kraftkleber auf die Moosgummiplatten.

Wenn alles gut getrocknet ist, lasse dein Kind barfuß über die hintereinanderliegenden Platten mit den verschiedenen Oberflächen laufen.

Klebebild am Fenster 99

DU BRAUCHST:

- Kontaktpapier
- Malerkrepp
- verschiedene Materialien, z.B. Federn, Knöpfe, Wolle, Pompoms

Befestige mit Malerkrepp ein großes Stück Kontaktpapier am Fenster oder auf einer anderen glatten Oberfläche.

Teste gemeinsam mit deinem Kind, was an der Klebefolie hängen bleibt.

Geheimnis im Karton 100

DU BRAUCHST:
- großer Versandkarton
- Gegenstände zum Ertasten

Schneide mit einer Schere zwei „Greiflöcher“ in den Karton und lege verschiedene Gegenstände zum Ertasten hinein.

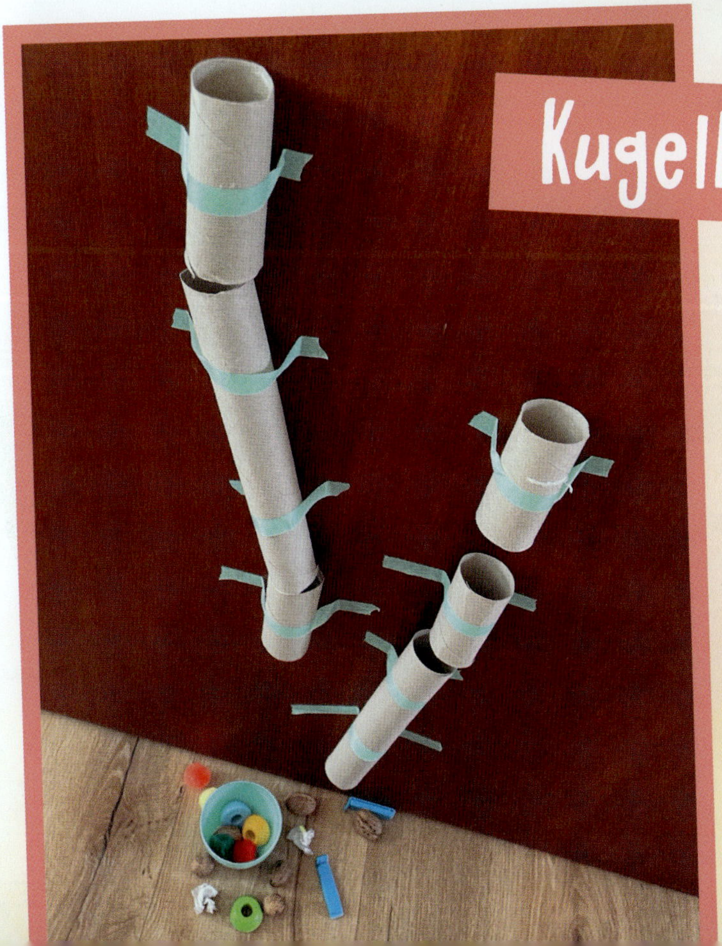

Kugelbahn 101

DU BRAUCHST:
- Klopapier- und Küchenpapierrollen
- Malerkrepp
- Gegenstände zum Durchwerfen wie Watte, Nüsse, Pompoms, Würfel
- Schüssel oder Topf

Klebe aus Malerkrepp und Klorollen eine Kugelbahn und stelle eine Schüssel oder einen Topf an das Ende.

Dein Kind kann die verschiedenen Gegenstände oben hineinstecken und zusammen mit dir lauschen, ob sie laut oder leise durch die Bahn nach unten laufen.

102 Ballontreten im Auto

DU BRAUCHST:

- 2 Luftballons
- lange Schnur oder Wollfaden

Blase zwei Luftballons auf und binde sie mit einer langen Schnur zusammen. Wickle diese um die Kopflehne des Beifahrersitzes.

Dein Kind kann nun während der Fahrt gegen die Luftballons treten.

Klebespiel-Varianten

103

Dalmatinerpunkte

DU BRAUCHST:
- Filzstift in Schwarz
- Markierungssticker in Schwarz, ø 1,5 cm
- Papier, A3
- Vorlage (optional; siehe S. 6)

Male mit dem schwarzen Filzstift einen Dalmatiner auf das Blatt, benutze ggf. dafür die Vorlage.

Verteile kleine schwarze Punkte drauf. So weiß dein Kind direkt, wo es die Markierungssticker aufkleben kann.

104

Zebrastreifen

DU BRAUCHST:
- Filzstift in Schwarz
- Malerkrepp in Blau
- Papier, A3
- Vorlage (optional; siehe S. 6)

Zeichne mit dem schwarzen Filzstift ein Zebra auf das Blatt, benutze ggf. dafür die Vorlage.

Zeichne die Streifen mit dem Filzstift vor. Darauf kann dein Kind die blauen Malerkreppstreifen kleben.

105

Schäfchenwolken

DU BRAUCHST:
- Kontaktpapier
- Filzstift in Schwarz
- Watte
- Malerkrepp
- Vorlage (optional; siehe S. 6)

Rolle das Kontaktpapier aus und male die Umrisse eines Schafs mit großem Körper auf. Benutze ggf. dafür die Vorlage.

Lege Malerkrepp bereit und ziehe die Schutzfolie vom Kontaktpapier ab.

Befestige das Kontaktpapier mit der Klebeseite nach vorn mit Malerkrepp auf einer Glasscheibe oder einer anderen glatten Oberfläche.

Klebe mit deinem Kind kleine Wattebäusche auf den Körper des Schafs.

Kastanienbahn

106

DU BRAUCHST:

- Klopapier- und Küchenpapierrollen
- Bastelfarben nach Wahl
- Kastanien
- Klebeband
- kleiner Topf

Wenn du es gern bunt magst, kannst du zuerst die Klopapier- und Küchenpapierrollen bunt anmalen und trocknen lassen.

Klebe an einer freien Wand die Rollen zu einer Kugelbahn zusammen und stelle am Endpunkt einen kleinen Topf zum Auffangen der Kastanien bereit.

Lasse dein Kind die Kastanien oben einwerfen. Dann muss es warten, bis sie unten wieder herausrollen.

107

Pompomwerfen

DU BRAUCHST:

- 5 Küchenpapierrollen
- Bastelfarben
- Klebeband
- Pompoms

Bemale die Küchenpapierrollen in herbstlichen Farben – zum Beispiel Rot, Orange, Weiß, Braun und Gelb – und lasse sie gut trocknen.

Befestige die Rollen mit Klebeband an einer freien Wand- oder Türfläche.

Dein Kind kann die Pompoms durch die verschiedenen Rollen werfen.

108 Windfisch

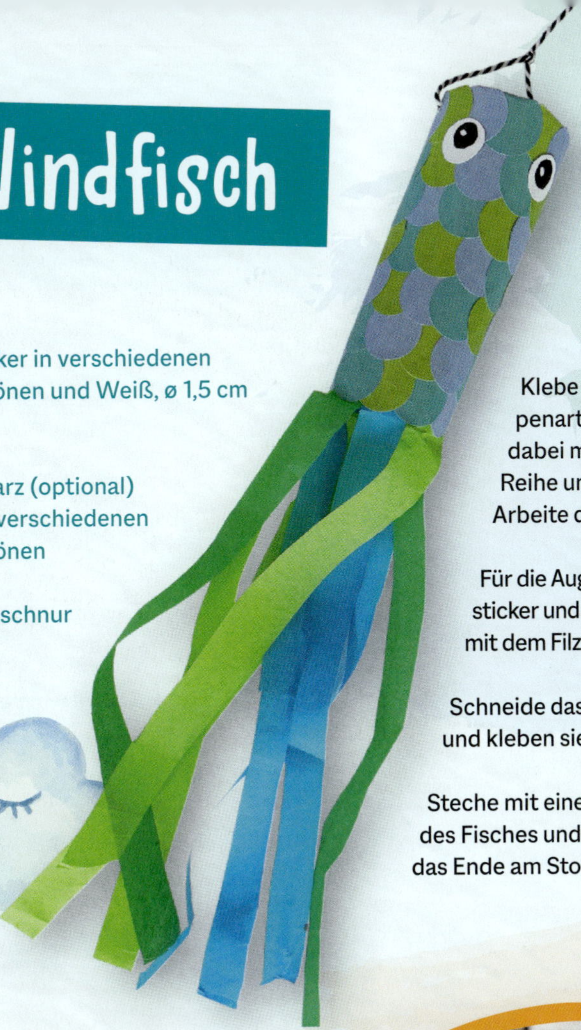

DU BRAUCHST:

- Klopapierrolle
- Markierungssticker in verschiedenen Blau- und Grüntönen und Weiß, ø 1,5 cm
- Wackelaugen
- Kleber
- Filzstift in Schwarz (optional)
- Seidenpapier in verschiedenen Blau- und Grüntönen
- Nadel
- Garn oder Nylonschnur
- langer Stock

Klebe die Markierungssticker schuppenartig auf die Klopapierrolle. Beginne dabei mit dem Ende und lasse die erste Reihe unten zur Hälfte überstehen. Arbeite dich hoch zum Kopf.

Für die Augen verwende weiße Markierungssticker und klebe Wackelaugen auf oder male mit dem Filzstift schwarze Pupillen auf.

Schneide das Seidenpapier in breite Streifen und kleben sie unten an die Klorolle an.

Steche mit einer Nadel zwei Löcher in den Kopf des Fisches und fädle die Schnur durch. Knote das Ende am Stock fest.

109 Laubmalerei

DU BRAUCHST:

- Papier, A3
- Bastelfarbe
- Pinsel
- getrocknete Blätter
- Kleber

Lasse dein Kind ein großes buntes Bild in herbstlichen Farben malen.

Nach dem Trocknen lege getrocknete Blätter auf das Herbstbild und zeichne die Umrisse nach. Schneide die Blattformen aus.

Hilf deinem Kind, die bunten Blätter auf ein großes weißes Blatt Papier zu kleben.

Osterspaß I:
Eierpuzzle

110

DU BRAUCHST:

- Fotokarton
- Papier in verschiedenen Farben und Mustern
- Klebstoff

Beklebe den Karton mit buntem Papier. Schneide daraus Eierformen aus und halbiere sie in Zickzackform.

Wenn das Papier getrocknet ist, lasse dein Kind die passenden Teile zusammensetzen.

111

Osterspaß II:
Eierlauf

DU BRAUCHST:

- 2 große Esslöffel oder Suppenkellen
- 2 Plastikeier

Je nachdem, wie sicher dein Kind Dinge balancieren kann, verwende Esslöffel oder Suppenkellen und zwei Plastikeier.

Lege jedem von euch ein Plastikei auf den Löffel oder in die Kelle. Du gibst das Startzeichen – der Wettlauf kann beginnen!

Osterspaß III: Hasen-Eierbecher

112

DU BRAUCHST:

- bunte Plastikeier
- Acryl-Marker in zu den Eiern passenden Farben
- Klopapierrollen
- Filzstift in Schwarz

Schneide die Klorollen als Hasen mit langen Ohren zu und male mit dem Filzstift niedliche Gesichter auf.

Bemale die Ohren mit den Acryl-Markern und verwende dabei die Farben der Eier: Am Ende soll dein Kind jedes Ei einem bestimmten Hasenbecher zuordnen. Lasse die Farbe gut trocknen.

Osterspaß IV: Leckeres im Osterei

DU BRAUCHST:

- bunte Plastikeier, befüllbar
- Beeren, Salzbrezeln, Rosinen, Studentenfutter u. Ä.

Fülle die Plastikeier mit Beeren oder anderen gesunden Naschereien. Verstecke sie für die Ostereiersuche.

113

Osterspaß V: Eier mit Punkten

114

DU BRAUCHST:

- bunte Markierungssticker, ø 1,5 cm
- buntes Kraftpapier oder Fotokarton

Schneide aus buntem Kraftpapier oder Fotokarton große Ostereier aus.

Zeichne mit dem Filzstift kleine Punkte auf das Ei.

Lasse dein Kind die Markierungssticker auf die Punkte kleben.

Halloween-Spaß I: Hai-Kostüm

115

DU BRAUCHST:
- Jutebeutel in Schwarz
- Bastelfilz in Hellblau, Weiß und Rot
- Filzstift in Schwarz
- Heißkleber

Lege ein Oberteil deines Kindes als Vorlage flach auf die Arbeitsfläche.

Lege den Jutebeutel mit der Öffnung nach unten darauf und schneide links und rechts zwei Löcher für die Arme aus.

Trenne die Griffe des Jutebeutels mit der Schere ab.

Schneide einen tiefen V-Ausschnitt in den Beutel – das wird das Maul des Haifisches.

Lege den hellblauen Filz daneben und übertrage den V-Ausschnitt auf den Stoff.

Wenn der Haifisch auf Vorder- und Rückseite des Kostüms erscheinen soll, lege den Filz doppelt und hefte ihn mit Sicherheitsnadeln aneinander.

Male mit einem Filzstift eine breite Haifischform auf den Stoff und schneide sie aus.

Schneide ein oder zwei Dreiecke für die Seitenflossen aus und ein breites Stück roten Filz für das Zahnfleisch. Das sollte etwas kleiner sein als eine Seite des Mundes.

Für die Zähne schneide aus weißem Filz ein breites Rechteck (etwas kleiner als das rote Stück) aus. An einer langen Seite schneide ein Zickzackmuster ein. Eine ovale Form aus weißem Filz wird das Auge.

Klebe alle Teile mit Heißkleber auf (orientiere dich am Foto) und male mit schwarzem Filzstift die Pupille in das weiße Auge.

Halloween-Spaß II:

Klebe-Mumie 116

DU BRAUCHST:
- großer Karton
- Filzstift
- Malerkrepp

Schneide aus dem Karton eine grobe Mumienform aus und male mit Filzstift ein Gesicht auf. (Keine Angst, wenn das alles nicht perfekt ist – es soll ja ein Monster sein!)

Bereite einige Malerkreppstreifen vor. Damit kannst du gemeinsam mit deinem Kind die Mumie bekleben.

Halloween-Spaß III:

Esssicherer Spielschleim 117

DU BRAUCHST:
- 125 ml Wasser
- Lebensmittelfarbe in Hellblau
- 25 g Chiasamen
- 170 g Speisestärke

Verrühre das Wasser mit der Lebensmittelfarbe und mische die Chiasamen unter.

Stelle die Masse über Nacht abgedeckt in den Kühlschrank, damit die Flüssigkeit aufgesaugt wird.

Mische die Speisestärke unter, bis der Schleim nicht mehr an den Händen kleben bleibt.

Füge Wasser oder noch etwas Speisestärke hinzu, falls der Schleim noch nicht die gewünschte Konsistenz hat. Er sollte bei schnellen Bewegungen fest sein und leicht reißen, bei langsamen Bewegungen weich und fließend bleiben.

Vom Teppichboden und von Textilien lässt er sich gut entfernen, wenn er nicht länger als einige Sekunden daran haftet.

Bewahre den Schleim im Kühlschrank auf, dort hält er sich länger.

Weihnachtsspaß I: Fenster-Tannenbaum

118

DU BRAUCHST:

- Kontaktpapier
- Malerkrepp
- Pompoms
- Geschenkschleifen

Schneide aus dem Kontaktpapier ein großes Dreieck.

Klebe es mit Malerkrepp an ein Fenster oder an eine andere glatte Oberfläche. Am besten hilft dir jemand dabei.

Lege für dein Kind Pompoms und Schleifen bereit. Damit kann es nun den Fenster-Tannenbaum schmücken!

Weihnachtsspaß II: Pompom-Tannenbaum

119

DU BRAUCHST:

- Fotokarton oder Moosgummi in Grün
- Milchtüten-Deckel
- Heißkleber oder Kraftkleber
- Pompoms in verschiedenen Farben
- Markierungssticker in zu den Pompoms passenden Farben, ø 1–1,5 cm

Schneide aus dem grünen Fotokarton oder Moosgummi eine Tannenbaumform aus.

Klebe die Milchtüten-Deckel auf den Tannenbaum.

Beklebe das Innere der Deckel mit farblich passenden Markierungsstickern.

Wenn alles getrocknet ist, lasse dein Kind die Pompons in die farblich passenden Deckel setzen.

Weihnachtsspaß III:
Tannenbaum-Füllung

120

DU BRAUCHST:
- Klorollen-Baum (s.S. 40)
- bunte Pompoms oder Perlen
- Markierungssticker in zu den Pompoms oder Perlen passenden Farben, ø 1,5 cm

Klebe die bunten Markierungssticker in die Rollen des Klorollen-Baums.

Lasse dein Kind die farblich passenden Perlen oder Pompoms in die Rollen sortieren.

121

Weihnachtsspaß IV:
Sticker-Tannenbaum

DU BRAUCHST:
- Tonkarton in Grün
- Filzstift in Schwarz
- Markierungssticker, ø 1,5 cm

Schneide aus grünem Tonkarton eine Tannenform aus.

Male mit dem Filzstift auf dem ganzen Baum verteilt kleine Punkte auf.

Lasse dein Kind die Markierungssticker auf die Punkte kleben.

Weihnachtsspaß V:

Ideen mit Salzteig 122

Grundrezept für Salzteig

DU BRAUCHST:

- 2 Tassen Mehl
- 1 Tasse Salz
- 1 Tasse Wasser

Verknete die Zutaten zu einem glatten Teig, rolle ihn mit einer Teigrolle aus und forme daraus Figuren oder Formen.

Backe den Teig zunächst 30 Minuten bei 60 °C, dann weitere 30 Minuten bei 100 °C und noch einmal 2 Stunden bei 130 °C im Backofen.

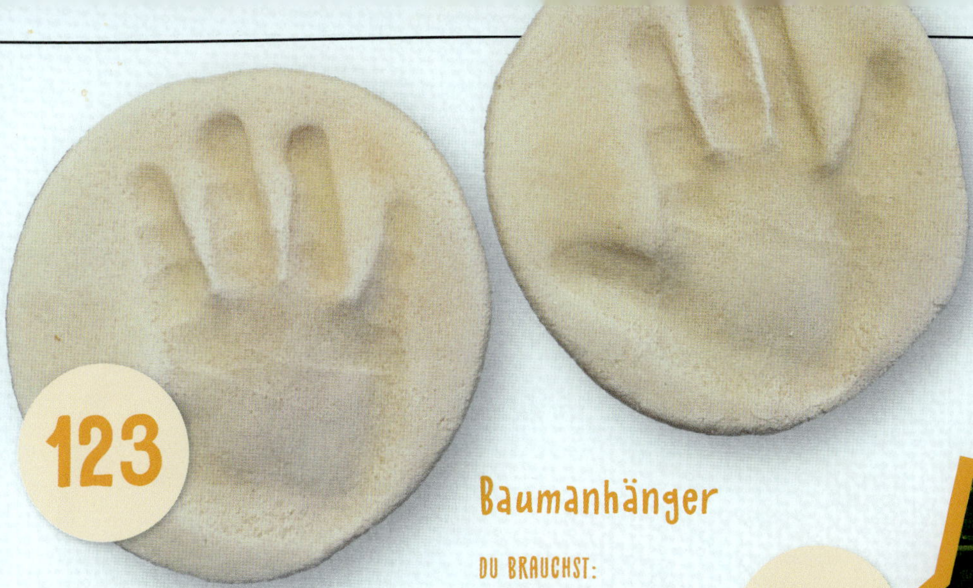

123

Handabdruck

DU BRAUCHST:

- Salzteig
- Teigrolle
- selbstklebende Bildaufhänger

Rolle mit der Teigrolle zwei Portionen Salzteig zu Kreisen aus und drücke die Hand deines Kindes sanft hinein.

Backe die Handabdrücke und klebe Aufhänger auf die Rückseite.

124

Baumanhänger

DU BRAUCHST:

- Salzteig
- Teigrolle
- Keksausstecher
- Strohhalm

Rolle den Salzteig aus. Lasse dein Kind mit verschiedenen Ausstechern Formen ausstechen.

Steche mit dem Strohhalm in jede Form oben ein Loch. Daran kannst du später ein Band zum Aufhängen durchziehen und verknoten.

Backe die Anhänger und lasse sie abkühlen, dann kann dein Kind damit spielen.

125

Anhänger sortieren

DU BRAUCHST:

- Salzteig-Anhänger
- Kleiderhaken

Die gebackenen und abgekühlten Salzteig-Anhänger kannst du mit deinem Kind sortieren.

Sucht euch eine Kleiderleiste oder setzt euch an die Kindergarderobe. Hängt immer die gleichen Anhänger an einen Haken.

Weihnachtsspaß VI:

Schnee-Varianten

Mehlschnee

126

DU BRAUCHST:
- Mehl
- Backblech
- Spielzeugtiere

Schütte das Mehl auf ein Backblech mit hohem Rand und setze die Spielzeugtiere hinein.

Dein Kind wird es lieben, mit den Tieren im „Schnee“ zu spielen und den Schnee mit Löffeln hin- und herzuschaufeln.

! Rechne immer damit, dass etwas Mehl daneben geht!

Rasierschaumschnee

127

DU BRAUCHST:
- Rasierschaum
- Backblech
- Spielzeugtiere
- eventuell Behältnis mit Wasser

Sprühe Rasierschaum in ein Backblech mit hohem Rand und setze die Spielzeugtiere hinein.

Dein Kind kann sie „retten“ und mit Wasser abwaschen. Stelle dafür ein Behältnis mit Wasser bereit. Das Kind kann die Tiere auch mit in die Badewanne nehmen.

Watteschnee

128

DU BRAUCHST:
- große Aufbewahrungsbox
- Füllwatte
- Spielzeugtiere

Teile die Füllwatte in kleine Stücke. Fülle eine große Aufbewahrungsbox mit den Wattebäuschen.

Verstecke die Tiere darin. Dein Kind kann nun die Tiere suchen.

Weihnachtsspaß VII:
129 Bunte Schals

DU BRAUCHST:
- große Spielzeugtiere
- breite Stoffhaargummis

Lege gemeinsam mit deinem Kind die Haargummis als wärmende Schals um den Hals der Spielzeugtiere.

Weihnachtsspaß VIII:
Schnee-schaufel 130

DU BRAUCHST:
- Watte
- Handfeger und Kehrblech

Verteile die Watte auf dem Boden und gib deinem Kind Handfeger und Kehrblech, um die Watte aufzufegen.

Kapitel 3

IDEEN AB 2 JAHREN

131 Nudel-Senkel

DU BRAUCHST:

- Penne oder Rigatoni
- Schnürsenkel

Zeige deinem Kind, wie es die Nudeln auf den Schnürsenkel fädelt. Nun kann es das Fädeln selbst probieren!

132 Klorollen-Senkel

DU BRAUCHST:

- Klopapierrollen
- Bastelfarbe
- Schnürsenkel

Male die Klorollen in verschiedenen Farben an und lasse sie gut trocknen. Schneide dann jede Klorolle in der Breite in drei bis vier Stücke.

Zeige deinem Kind, wie es die Stücke auf einen Schnürsenkel fädelt. Binde eventuell ein Ende des Schnürsenkels an einem Stuhlbein fest, damit die Rollen nicht gleich wieder runterfallen.

133

Kramkiste

DU BRAUCHST:

- große Aufbewahrungsbox
- Kunststoffdosen
- Gegenstände zum Sortieren, z.B. Pompoms, Knöpfe, Federn, Strohhalme, Wäscheklammern, Luftballons

Fülle eine große Aufbewahrungsbox mit verschiedenen kleinen Gegenständen. Stelle kleine Behältnisse links und rechts neben die große Box.

Sortiere gemeinsam mit deinem Kind die Gegenstände aus der großen Box in die kleinen Behältnisse: Federn zu Federn, Perlen zu Perlen, usw.

Überlege mit deinem Kind, welche Eigenschaften jeder Gegenstand hat: Eine Feder ist weich und leicht, Knöpfe sind glatt und rund usw.

Tiere in Bechern

134

DU BRAUCHST:

- Aufbewahrungsbecher mit Schraubdeckel
- Spielzeugtiere

Setze je ein Spielzeugtier in einen Becher und schraube ihn zu.

Lasse dein Kind die Tiere befreien, indem es die Deckel aufdrehen muss.

Eine tolle Idee, wenn dein Kind gerade lernt, Behältnisse aufzudrehen.

Ideen mit DIY-Knete

135

Grundrezept für DIY-Knete

DU BRAUCHST:

- 500 g Mehl
- 180 g Salz
- 7 EL Rapsöl
- 500 ml Wasser
- Lebensmittelfarben

Mische in einer Schüssel Mehl und Salz und gieße Wasser und Rapsöl hinzu. Verknete alles mit den Händen zu einer glatten Masse.

Teile die Knetmasse in beliebig viele Portionen und rühre in jede eine Lebensmittelfarbe ein. Gib erst wenig Farbe hinzu, dann immer etwas mehr, bis du den Wunschton gefunden hast.

Von der blauen Farbe brauchst du nur wenige Tropfen, denn diese färbt besonders intensiv. !

136

Federn stecken

DU BRAUCHST:

- essbare Knete
- bunte Bastelfedern
- Wackelaugen

Forme aus der Knete einen Vogel.

Lasse dein Kind Wackelaugen hineindrücken und Federn in den Körper stecken.

137

Muffins backen

DU BRAUCHST:

- essbare Knete
- Silikon-Muffinform

Teile die Knete in kleine Portionen. Dein Kind kann nun die Muffinform damit füllen.

138

Kastanien-Schnecken

DU BRAUCHST:

- essbare Knete
- Kastanien

Rolle zusammen mit deinem Kind kleine Würste aus der Knetmasse und setzt euren „Schnecken“ Kastanien als Schneckenhäuser auf.

139

Kugelfische

DU BRAUCHST:

- essbare Knete
- Wackelaugen
- Spaghetti, in kurze Stücke gebrochen

Forme aus der Knetmasse orangefarbene Kugeln mit zwei kleinen Flossen links und rechts und einer großen Hinterflosse.

Lasse dein Kind Wackelaugen hineindrücken und Spaghetti als Stacheln in die Fischkörper stecken.

140 Klebestraßen-Varianten

Aufgemalte Straße

DU BRAUCHST:
- großer Karton
- Bleistift
- Bastelfarbe in Schwarz
- Filzstift in Schwarz
- Acryl-Marker in Weiß

Schneide zuerst die Kartonplatte zurecht.

Skizziere mit dem Bleistift Straßen, Häuser und einen Parkplatz auf dem Karton. Achte darauf, dass alles im richtigen Maßstab zu den Spielzeugautos deines Kindes steht.

Male dann die Straße und alle anderen Details mit Bastelfarbe aus. Ziehe die Umrisslinien mit Filzstift nach, wenn alles gut getrocknet ist, und füge mit dem Acryl-Marker die Fahrbahnstreifen hinzu.

141 Bierdeckelstraße

DU BRAUCHST:
- unbedruckte Bierdeckel
- Malerkrepp in Schwarz, ca. 5 cm breit
- Lineal
- Acryl-Marker in Weiß

Lege die Bierdeckel als Rechteck auf dem Boden aus..

Klebe mit Hilfe eines Lineals schwarzes Malerkrepp mittig auf die Bierdeckel, sodass eine Straße mit Kreuzungen und Kurven entsteht.

Male mit dem Acryl-Marker die Fahrbahnstreifen auf.

Nun kann dein Kind die Bierdeckel zu immer neuen Kombinationen zusammenlegen.

AB 2 JAHREN

142

Klebebandstraße

DU BRAUCHST:
- Klebeband in Blau, breit

Klebe mit blauem Klebeband eine Straße direkt auf den Fußboden.

Super für einen Besuch bei Freunden oder der Familie: Schnell gemacht, spurlos wieder ablösbar, und das Kind ist beschäftigt!

143

Bushaltestellen

DU BRAUCHST:
- Tonkarton in Gelb
- Filzstift in Grün

Schneide einige Kreise aus gelbem Tonkarton aus und male darauf ein „H“.

Verteile die Haltestellenschilder im Haus und fahre mit deinem Kind die Haltestellen ab.

144 Kunterbunte Clownshaare

DU BRAUCHST:

- Moosgummi in Weiß
- Bleistift
- Acryl-Marker
- Füllwatte
- Heiß- oder Kraftkleber
- Bastelfarbe
- Pinsel

Zeichne auf ein Stück weißes Moosgummi ein Oval mit zwei Ohren und schneide den Clownskopf aus.

Male mit Acryl-Markern ein lustiges Gesicht auf.

Klebe mit Heiß- oder Kraftkleber die Füllwatte als Haare auf. Lasse alles gut trocknen.

Lege Bastelfarbe und Pinsel bereit. Dein Kind kann dem Clown die Haare kunterbunt färben.

145 Perlen im Haar

DU BRAUCHST:
- Moosgummi in Weiß
- Bleistift
- Chenilledraht (Pfeifenputzer)
- Locher
- Perlen
- Acryl-Marker

Zeichne auf ein Stück weißes Moosgummi ein Oval mit zwei Ohren und schneide den Clownskopf aus.

Male mit Acryl-Markern ein lustiges Gesicht auf.

Sobald die Farbe getrocknet ist, stanze oben Löcher in den Kopf und fädele den Chenilledraht durch. Ziehe die Drahtstränge am Kopf fest.

Lasse dein Kind die Perlen auf den Chenilledraht fädeln.

146 Pompomballon

DU BRAUCHST:
- Luftballon
- doppelseitiges Klebeband
- bunte Pompoms

Puste den Ballon auf und beklebe ihn gitterartig mit doppelseitigem Klebeband.

Lasse dein Kind die Pompoms auf dem Klebeband befestigen.

147 Wäscheleine

DU BRAUCHST:

- Seil
- kleine Tücher oder Ähnliches

Suche zuerst eine Stelle, an der du das Seil gefahrlos spannen kannst.

Wenn du das Seil sicher gespannt hast, kann dein Kind Tücher etc. daran aufhängen.

Achte auf die gespannte Höhe des Seils: Es sollte hoch genug sein, damit es dein Kind gut erreichen kann, und nicht so tief hängen, dass es zur Stolperfalle werden könnte.

148 Bälletür

DU BRAUCHST:

- Bälle aus dem Bällebad
- Packband

Klebe zwischen den Türrahmen einige Streifen Packband.

Werfe mit deinem Kind die Bälle auf die Klebestreifen. Zähle anschließend, wie viele davon hängen geblieben sind.

Kleiderbügelleine 149

DU BRAUCHST:
- Seil
- Kleiderbügel

Suche eine Stelle, an der du das Seil gefahrlos spannen kannst.

Lasse nun dein Kind die Kleiderbügel daran aufhängen.

Eventuell kann dein Kind sogar selbst seine Jacken aufhängen.

150 Becherstapel

DU BRAUCHST:
- leere Joghurtbecher oder Trinkbecher

Lasse dein Kind aus leeren Joghurtbechern oder Trinkbechern einen hohen Turm bauen.

Bälletürme 151

DU BRAUCHST:
- Klopapier- und Küchenpapierrollen
- Bälle aus dem Bällebad
- Markierungssticker in zu den Bällen passenden Farben, ø 5 cm

Beklebe die Papprollen jeweils mit einem farbigen Markierungssticker.

Lasse dein Kind auf jede Rolle einen farbig passenden Ball setzen.

Frühstücks-Varianten

152

Bananen-Pancakes

DU BRAUCHST:
- 1 reife Banane
- 240 ml Milch
- 2 EL gemahlene Mandeln
- 2 TL Backpulver
- 200 g Dinkelmehl
- 1 EL Leinöl
- Pflanzenöl zum Backen

Zerdrücke in einer großen Schüssel die Banane.

Gib Milch, gemahlene Mandeln, Backpulver, Dinkelmehl und Leinöl hinzu und verrühre alles mit dem Schneebesen oder Mixer zu einem glatten Teig.

Erhitze in einer Pfanne das Pflanzenöl und backe portionsweise kleine Pancakes. Serviere sie noch warm!

Backe alle Pfannkuchen, auch wenn nicht alle direkt gegessen werden. Die restlichen kannst du gut einfrieren. Bei Bedarf holst du sie aus dem Tiefkühler und röstet sie kurz im Toaster!

Schneller Haferbrei

DU BRAUCHST:
- ½ reife Banane
- 60 g zarte Haferflocken
- 1 EL gemahlene Mandeln
- 2-3 TL Leinsamen
- 250 ml Milch

Zerdrücke die halbe Banane und gib den Brei in einen kleinen Topf.

Füge Haferflocken, Mandeln, Leinsamen und Milch hinzu und verrühre alles.

Koche den Brei bei geringer Hitze, bis die Haferflocken schön weich sind. Zwischendurch rühre die Masse immer wieder um.

153

154

Müsliriegel

DU BRAUCHST:
- 1 reife Banane
- 100 g Datteln
- 15 g Leinsamen
- 70 g kernige Haferflocken
- 30 g Dinkelflocken
- 30 g gehackte Walnusskerne
- 50 g Cranberrys
- Fett für die Form

Außerdem:
- Kastenform
- Backpapier

Heize den Backofen auf 160 °C vor und fette eine kleine Kastenform ein. Lege die Form mit Backpapier aus, dann lässt sich der Riegel später besser herausheben.

Püriere mit dem Stabmixer die Banane mit Datteln und wenig Wasser. Verrühre die Masse mit Leinsamen, Haferflocken, Dinkelflocken, Walnüssen und Cranberrys in einer Schüssel.

Fülle die Masse in die vorbereitete Kastenform und streiche sie mit einem Spatel glatt. Backe die Riegel etwa 60 Minuten im vorgeheizten Backofen.

Lasse die Masse in der Form kurz abkühlen, stürze sie auf ein Schneidebrett und schneide sie noch warm in gleich große Riegel.

Hafermuffins

DU BRAUCHST:
- 1 reife Banane
- 70 g zarte Haferflocken
- 20 g gemahlene Mandeln
- 1 EL Leinsamen
- 40 g Rosinen oder Blaubeeren
- 50 ml Milch
- Fett für die Form

Außerdem:
- Mini-Muffinblech

Heize den Backofen auf 160 °C vor und fette das Muffinblech ein.

Zerdrücke die Banane mit einer Gabel. Gib Haferflocken, Mandeln, Leinsamen, Rosinen und Milch hinzu und verrühre alles. Die Masse sollte nun recht klebrig sein.

Fülle die Masse mit Hilfe von zwei Teelöffeln in die gefettete Form.

Backe die Muffins 20 Minuten im vorgeheizten Backofen. Lasse sie auf dem Kuchengitter kurz abkühlen.

155

Backen und Kochen mit Gemüse

156

Blumenkohl-Bolognese

DU BRAUCHST:

- 3 Möhren
- 1 Zwiebel
- 3 Knoblauchzehen
- ½ Blumenkohl
- 500 g passierte Tomaten
- getrocknete italienische Kräuter

Schäle Möhren, Zwiebel und Knoblauch. Reibe einen halben Blumenkohl und die Möhren mit der Küchenreibe fein. Schneide den Knoblauch und die Zwiebel fein.

Dünste die Zwiebel in der Pfanne an und gib dann das übrige Gemüse hinzu. Ist alles angeschwitzt, füge die Tomaten und die Kräuter hinzu und lasse alles etwa 20 Minuten köcheln.

Reste der Bolognese-Sauce kannst du gut einfrieren.

Wenn die Sauce noch zu stückig ist, kannst du sie mit dem Stabmixer glatt pürieren.

Gemüsewaffeln 157

DU BRAUCHST:

- 150 g TK-Erbsen
- 150 g TK-Blattspinat
- 100 g TK-Edamame
- 400 g Mehl
- 150 g geriebener Käse (z.B. Gouda)
- 1 Prise Muskatnuss
- 300 ml Pflanzendrink (z.B. Hafer-, Mandel- oder Sojadrink)
- 4 Eier
- 2 TL Backpulver
- 60 ml Leinöl

Außerdem:

- Waffeleisen

Lasse das Tiefkühlgemüse an einem warmen Ort oder über Nacht im Kühlschrank auftauen.

Püriere das Gemüse mit dem Pflanzendrink im Blender oder mit dem Stabmixer zu einer glatten Masse.

Backe daraus portionsweise Waffeln im vorgeheizten Waffeleisen.

159

Rote-Bete-Muffins

DU BRAUCHST:

- 1 reife Banane
- ca. 200 g gegarte Rote Bete
- 150 g Kichererbsen
- 200 g Haferflocken
- 1 EL Leinsamen
- 3 EL Erdnussbutter
- 2 EL Dattelsirup

Außerdem:

- Muffinblech
- Papierförmchen

Heize den Backofen auf 160 °C vor.

Schneide Banane und Rote Bete in grobe Stücke und gib sie mit den Kichererbsen in den Blender. Füge Haferflocken, Leinsamen, Erdnussbutter und Dattelsirup hinzu.

Püriere alles zu einer glatten Masse und drücke die Masse immer wieder mit dem Pürierstab nach unten.

Verteile die Masse auf die mit Papierförmchen ausgelegten Mulden des Muffinblechs. Backe die Muffins etwa 40 Minuten im vorgeheizten Backofen.

158

Bohnen-Brownies

DU BRAUCHST:

- 30 g Cashewnüsse
- 60 g Kidneybohnen (aus der Dose)
- 100 g Datteln
- 30 ml Leinöl
- 1 reife Banane
- 50 g zarte Haferflocken
- 100 g Dinkelmehl
- 20 g Kakaopulver
- 40 g gehackte Walnusskerne (optional)

Außerdem:

- viereckige Backform

Weiche die Cashewnüsse in 180 ml Wasser in einer Schüssel ein und stelle sie über Nacht in den Kühlschrank.

Heize am nächsten Tag den Backofen auf 160 °C vor.

Gib Kidneybohnen, Datteln, Leinöl und die Banane zu den Cashewnüssen und dem Einweichwasser in die Schüssel und püriere alles mit dem Stabmixer.

Mische Haferflocken, Dinkelmehl und Kakaopulver in einer großen Schüssel. Rühre dann die feuchte Masse unter. Mische eventuell noch gehackte Walnüsse unter.

Verteile den Teig gleichmäßig in der Backform und backe ihn 60 Minuten im vorgeheizten Backofen.

Lasse den Kuchen auf einem Kuchengitter kurz abkühlen und schneide ihn dann in kleine Quadrate.

Eis am Stiel

160

DU BRAUCHST:

- 500 g Erdbeeren oder Himbeeren
- 50 ml Orangensaft

Püriere Beeren und Orangensaft mit 150 ml Wasser mit einem Stabmixer oder im Blender und fülle die Masse in Eis-am-Stiel-Formen.

Stelle das Eis über Nacht in den Tiefkühler.

161

Blumen in der Vase

DU BRAUCHST:

- Versandkarton
- Filzstift in Schwarz
- Stricknadel oder Essstäbchen
- selbst gepflückte Blumen

Male auf einen Karton mit dem Filzstift eine Blumenvase und Stiele, die oben aus der Vase schauen.

Steche mit Essstäbchen oder Stricknadel am Ende der aufgemalten Stiele Löcher in den Karton.

Lasse dein Kind Blüten durch die Löcher stecken.

Umfüll-Varianten

162

Eiswürfel

DU BRAUCHST:

- verschiedene Schüsseln oder Becher
- Eiswürfel
- Löffel

Lege deinem Kind verschiedene Becher oder Schüsseln draußen auf der Terrasse oder auf dem Balkon bereit.

Fülle ein Behältnis mit Eiswürfeln. Dein Kind kann mit dem Löffel die Eiswürfel herausheben und auf die anderen Behältnisse verteilen.

163

Gefärbtes Wasser

DU BRAUCHST:

- Lebensmittelfarben
- verschiedene Becher und Messbecher
- Schöpfkelle

Befülle ein paar Behältnisse mit Wasser und rühre jeweils ein paar Tropfen Lebensmittelfarbe hinein, Einige Behältnisse leer lassen.

Lasse dein Kind die Farben mit einer Schöpfkelle umfüllen und mischen.

164

Pompoms

DU BRAUCHST:

- verschiedene Becher und Messbecher
- Pompoms

Stelle einige mit Wasser gefüllte Becher und Messbecher im Freien bereit sowie eine größere Box mit vielen bunten Pompoms.

Dein Kind kann die Pompoms von einem Behältnis ins andere füllen und dabei auch nach Farben sortieren.

Obstteller-Varianten

Für zwischendurch kannst du fruchtige Snacks in lustigen Formen vorbereiten.

Hase

165

DU BRAUCHST:

- 1 Erdbeere
- 2 Bananenscheiben, schräg geschnitten, und 2 kleine Spalten
- 2 Heidelbeeren
- 1 Himbeere

Halbiere die Erdbeere und setze sie mit dem restlichen Obst zu einem Hasen zusammen.

166

Schmetterlinge

DU BRAUCHST:

- 2 Erdbeeren
- Himbeeren
- Heidelbeeren
- Mandarinenspalten
- Weintraube

Halbiere die Erdbeeren und die Weintraube.

Lege die Obststücke auf dem Teller zu einem großen und einem kleinen Schmetterling zusammen.

Vogel

167

DU BRAUCHST:

- 1 Apfel
- 1–2 Erdbeeren
- 2 Heidelbeeren
- 1–2 Weintrauben

Schäle den Apfel und halbiere ihn. Schneide aus einer Hälfte feine Spalten ab. Schneide die Erdbeeren und die Weintraube in Spalten.

Lege die Obststücke auf dem Teller zu einem Vogel zusammen.

168

Löwe

DU BRAUCHST:

- 1 Apfel
- 1 Weintraube
- 1 Erdbeere
- 2 Heidelbeeren
- 10-12 Mandarinenspalten

Schneide aus dem Apfel eine dicke Scheibe für den Körper ab und kleine Spalten als Ohren. Schneide aus der Erdbeere eine dünne Spalte als Mund ab.

Lege die Obststücke auf dem Teller zu einem Löwengesicht zusammen.

169

170

Eulen

DU BRAUCHST:

- Erdbeeren
- Heidelbeeren
- 1-2 Weintrauben
- Apfelspalte

Schneide die Erdbeeren in Scheiben und die Weintraube in sehr feine Streifen.

Lege die Obststücke auf dem Teller zu zwei Eulen zusammen. Die feine Apfelspalte wird der Mond.

Fisch

DU BRAUCHST:

- 1 Scheibe Vollkorntoast
- Honig oder Haselnusscreme
- Erdbeeren
- Heidelbeeren
- Bananenscheiben

Röste die Toastscheibe und bestreiche sie mit Honig oder Haselnusscreme.

Schneide das Obst entsprechend zu und setze es als Schuppen, Flossen und Auge auf den Toast.

Farben sortieren

171

DU BRAUCHST:

- Tonpapier, A4, oder Moosgummiplatten in zum Spielzeug passenden Farben
- Klebeband
- Spielzeug

Lege vier verschiedenfarbige Tonpapierbögen oder Moosgummiplatten zum Rechteck zusammen. Verklebe die Teile auf der Unterseite mit Klebeband.

Lasse dein Kind farblich passendes Spielzeug auf die Felder legen.

Regenbogen-sticker

172

DU BRAUCHST:

- Malpapier
- Bastelfarben
- Markierungssticker in zu den Bastelfarben passenden Farben, ø 1,5 cm

Male mit Bastelfarbe einen bunten Regenbogen auf das Papier.

Ist alles gut trocken, kann dein Kind die Markierungssticker auf die entsprechende Farbstreifen kleben.

173 Regenbogenklammern

DU BRAUCHST:
- Klopapierrolle
- Malerkrepp in zu den Wäscheklammern passenden Farben
- bunte Wäscheklammern

Beklebe die Klorolle mit Malerkreppstreifen in verschiedenen Farben.

Dein Kind kann nun die Wäscheklammer auf die farblich passenden Streifen stecken.

Ein ideales Spiel für die Wickelunterlage oder im Auto!

174 Sensory-Bag mit Knöpfen

DU BRAUCHST:
- Gefrierbeutel mit Zip-Verschluss
- Knöpfe in zwei verschiedenen Farben
- Acryl-Marker in zu den Knöpfen passenden Farben

Male mit zwei unterschiedlichen Acryl-Markern zwei Kreise auf den Gefrierbeutel.

Ist die Farbe getrocknet, fülle die Knöpfe und etwas Wasser ein und verschließe den Beutel.

Lasse dein Kind nun die Knöpfe in die farblich passenden Kreise schieben.

175 Gute-Nacht-Block

DU BRAUCHST:

- Fotokarton
- Filzstift
- Magnetstreifen
- Kraftkleber

Falte den Fotokarton so, dass im oberen Bereich genug Platz zum Beschriften bleibt.

Schreibe mit Filzstift „Gute Nacht" auf den oberen Teil.

Überlege dir, wie viele Streifen zum Aufklappen du brauchen wirst. Schneide die aufklappbare Hälfte des Fotokartons mit der Schere in gleich breite Streifen.

Klebe einen Magnetstreifen oben und unten an die Enden jedes aufgeklappten Streifens.

Zeichne unter jeden oberen Magnet ein kleines Symbol für euer Abendritual. Und schreibe den Begriff auf die untere Hälfte des aufgeklappten Streifens.

Vor dem Zu-Bett-Gehen kann dein Kind einen Streifen aufklappen. Führt dann zusammen die Aufgabe aus.

176 Ich-Buch

DU BRAUCHST:

- Moosgummiplatten, A5
- Locher
- Heftklammer
- Kraftkleber
- Acryl-Marker
- Fotos von eurer Familie

Drucke einige Familienfotos aus und klebe sie mit Kraftkleber auf eine Moosgummiplatte. Du kannst auch mit Acryl-Marker etwas dazuschreiben oder -zeichnen.

Loche alle gestalteten Moosgummiplatten und hefte sie mit der Heftklammer zusammen.

Dieses Buch kann prima zur Eingewöhnung in den Kindergarten mitgenommen werden: Es ist nicht zu schwer, geht nicht kaputt und die vertrauten Gesichter helfen deinem Kind, wenn es Heimweh bekommt.

177

Mamas Bauch anmalen

DU BRAUCHST:
- Fingerfarbe (s. S. 60)

Wenn du gerade Nachwuchs erwartest, lasse dein Kind den Babybauch mit Fingerfarbe anmalen.

178

Gefühlsuhr

DU BRAUCHST:
- Moosgummi oder Fotokarton in Weiß, Schwarz, Rot, Blau, Lila, Grün, Gelb und Orange
- Zirkel
- Karton
- Spreizklammer
- Acryl-Marker
- Klebstoff
- Zirkel

Zeichne auf weißem Moosgummi mit Hilfe eines Zirkels einen Kreis auf. Schneide den Kreis aus und klebe ihn auf ein Stück Karton.

Schneide aus dem bunten Moosgummi oder Tonpapier sechs kleine Kreise und aus dem schwarzen Moosgummi einen dicken Pfeil aus.

Male mit den Acryl-Markern Gesichter auf die Kreise und klebe diese gleichmäßig auf den weißen Kreis. Schreibe darunter jeweils die entsprechende Gemütsverfassung.

Drücke das hintere Ende des Pfeils mit der Spreizklammer in die Mitte des weißen Kreises.

Dein Kind kann mit der Uhr seine Stimmung anzeigen.

Magnet-Familie

179

DU BRAUCHST:

- Karton
- Fotos von eurer Familie
- Moosgummi in verschiedenen Farben
- Kraftkleber
- Magnetstreifen
- Pompoms

Klebe die Fotos eurer Familie und buntes Moosgummi auf Karton.

Denke daran, dass die Gesichter etwa gleich groß sein sollten.

Ist alles trocken, schneide die Gesichter aus. Zeichne auf der Rückseite der Moosgummi-Kartons verschiedene Kleidungsstücke und schneide diese ebenfalls mit einer Schere aus.

Klebe die Magnetstreifen mit Kraftkleber von hinten auf die Köpfe und Kleidungsstücke.

Lasse dein Kind die Gesichter und Kleidungsstücke zusammensetzen und mit Pompoms verzieren.

180 Magnet-Puzzle

DU BRAUCHST:

- Karton
- Moosgummi
- Kraft- oder Heißkleber
- Magnetstreifen

Klebe Moosgummi in verschiedenen Farben mit Kraft- oder Heißkleber auf etwas Karton.

Ist alles trocken, zeichne auf der Kartonseite verschiedene Formen auf und schneide sie aus.

Klebe hinten auf jede Form einen kleinen Magnetstreifen. Hefte ein Blatt Papier mit den gleichen Formen auf die Kühlschranktür.

Dein Kind kann die Magnete auf die passenden Felder auf dem Papier setzen.

AB 2 JAHREN

Bohnen baggern

181

DU BRAUCHST:

- große Aufbewahrungsbox
- getrocknete Bohnen
- Zwiebacksand (s.S. 37 optional)
- Spielzeugbagger

Fülle die Bohnen und eventuell den Zwiebacksand in eine große Aufbewahrungsbox.

Nun kann dein Kind die Bohnen mit der Baggerschaufel aufladen und in der Box umschichten.

Nudeln sortieren

DU BRAUCHST:

- Nudeln in verschiedenen Formen
- große Schüssel
- mehrere kleine Becher

Fülle die Nudeln in eine Schüssel.

Lasse dein Kind die verschiedenen Nudelsorten in Becher sortieren.

182

Dino ausgraben

183

DU BRAUCHST:

- Papier
- Filzstift
- durchsichtige Aufbewahrungsbox
- getrocknete Bohnen
- Zwiebacksand (s.S. 37)
- Vorlage (optional, siehe S. 6)

Zeichne mit Filzstift ein Dinoskelett auf ein großes Blatt Papier und lege das Papier mit der Zeichnung nach oben unter die Aufbewahrungsbox.

Fülle die Box mit getrockneten Bohnen und Zwiebacksand.

Lasse dein Kind das Dino-Skelett ausgraben.

Pompomspiel-Varianten

184

Sortier-Flaschen

DU BRAUCHST:

- Plastikflaschen mit großer Öffnung (z.B. von einem Smoothie)
- Pompoms in verschiedenen Farben

Lasse dein Kind die Pompoms nach Farbe in die Flaschen sortieren.

Das Einfüllen und Ausleeren macht dem Kind besonders viel Spaß. Außerdem kann es hier den Pinzettengriff üben.

Sortier-Karton

DU BRAUCHST:

- 6 Milchtüten-Deckel
- kleiner Versandkarton
- Stift
- Pompoms in 6 Farben
- Acryl-Marker in zu den Pompoms passenden Farben
- Heißkleber

Schneide die Deckel mit etwas Kartonüberstand aus den Milchtüten. Zeichne mit einem Stift und dem Deckel sechs Kreise auf den Karton.

Schneide die Kreise aus. Am besten geht das mit einer Nagelschere.

Klebe alle Deckel von innen mit etwas Heißkleber an den Karton. Male auf jeden Deckel mit Acryl-Marker einen farbigen Kreis.

Ist alles trocken, lasse dein Kind die Deckel aufschrauben, farblich passende Pompoms einlegen und die Deckel wieder zuschrauben.

185

186

Pompomrolle

DU BRAUCHST:

- Pompoms
- Fusselrolle

Zeige deinem Kind, wie es die Pompoms auf die Rolle kleben kann.

Nun lasse es die bunten Pompoms dicht nebeneinander auf die Rolle kleben und wieder abnehmen.

Die abgenommenen Pompoms kann dein Kind nach Farben getrennt in Plastikflaschen oder Behältnisse sortieren.

187

Pompom-Eis

DU BRAUCHST:

- 3 Milchtüten-Deckel
- Pompoms in verschiedenen Farben
- Filzstifte in Braun und zu den Pompoms passenden weiteren Farben
- 2 Blatt Fotokarton in Weiß oder einer hellen Farbe
- Heißkleber

Klebe die drei Milchtüten-Deckel als Platzhalter für Eiskugeln auf einen Fotokarton. Male mit Filzstift eine Eiswaffel darunter.

Schneide aus dem anderen Fotokarton gleich große Karten aus und male darauf immer eine Eiswaffel mit drei Eiskugeln – jeweils in anderer farblicher Anordnung. Dabei sollen die Farben der Kugeln den Farben der Pompoms entsprechen.

Ist alles gut getrocknet, lasse dein Kind eine Karte ziehen. Dann kann es entsprechend der Bilder die Pompoms auf der großen Eiswaffel anordnen.

Gummi-bandflasche

188

DU BRAUCHST:

- Gummibänder
- Trinkflasche

Lasse dein Kind die Gummibänder über den Hals der Trinkflasche legen.

Gummibandball 189

DU BRAUCHST:

- Gummibänder
- Massageball

Zeige deinem Kind, wie es die Gummibänder über den Ball ziehen kann.

190

Knopfspardose

DU BRAUCHST:
- Knöpfe in verschiedenen Größen
- kleiner Versandkarton
- Teppichmesser

Schneide in den Karton Schlitze in verschiedenen Größen, entsprechend der Größen deiner Knöpfe.

Dein Kind kann nun die Knöpfe durch die Schlitze stecken.

Spaghetti-Igel mit Knöpfen

191

BRAUCHST:
- Knete
- Knöpfe
- Spaghetti

Stecke einige rohe Spaghetti in ein Stück Knete.

Lasse dein Kind Knöpfe auf die Spaghetti stecken.

Für diese Steckübung braucht dein Kind etwas Geschick.

192 Knopfbilder

DU BRAUCHST:
- Kontaktpapier
- Filzstift
- Malerkrepp
- Knöpfe in unterschiedlichen Größen und Farben

Male mit Filzstift auf der Folienseite des Kontaktpapiers ein abstraktes Schneckenhaus auf.

Lege das Malerkrepp griffbereit zur Seite und ziehe die Schutzfolie vom Kontaktpapier ab. Befestige das Kontaktpapier mit Malerkrepp an einer Fensterscheibe oder an einer anderen glatten Oberfläche.

Lasse dein Kind die Knöpfe auf die Filzstiftlinien kleben.

Süße Spaghetti-Igel

193

DU BRAUCHST:

- essbare Knete in Hellbraun und Dunkelbraun (s.S. 86)
- Spaghetti

Forme aus hellbrauner essbarer Knete kleine Bälle und setze aus dunkelbrauner essbarer Knete eine Nase und zwei Augen auf.

Lasse dein Kind die Spaghetti in kleine Stücke brechen und als Stacheln in die Igelkörper stecken.

194

Apfeldruck

DU BRAUCHST:

- Bastelfarbe in herbstlichen Farben
- alter Apfel
- Papier

Halbiere den Apfel und trage auf die Schnittfläche Farbe auf.

Lasse dein Kind ein Blatt Papier damit bestempeln.

195 Bestempelte Pilze

DU BRAUCHST:
- Tonpapier in Weiß und Rot
- Bastelfarbe in Weiß
- Korken

Schneide aus rotem Tonpapier Fliegenpilzhüte aus.

Schneide aus weißem Tonpapier die Fliegenpilzstängel aus und klebe sie an die Hüte.

Gib einen Klecks Bastelfarbe auf einen Teller und lasse dein Kind mit dem Korken und der Farbe weiße Punkte auf die Pilzhüte stempeln.

196 Laublöwe

DU BRAUCHST:
- Tonpapier
- Filzstift
- Schaschlikspieß
- bunte Herbstblätter

Male mit dem Filzstift ein Löwengesicht auf das Tonpapier.

Steche mit einem Schaschlikspieß rund um das Gesicht Löcher ein.

Dein Kind kann nun Herbstblätter als Mähne in die Löcher stecken.

197 Männchen verbinden

DU BRAUCHST:
- Karton
- Filzstift in Schwarz
- Wolle in Weiß
- Klebeband

Male den Umriss eines Männchens auf ein Stück Karton und schneide es aus. Male mit dem Filzstift das Gesicht auf.

Befestige das Ende der Wolle mit einem Stück Klebeband hinten am Männchen.

Zeige deinem Kind, wie es das Männchen einwickeln und wieder auswickeln kann.

198 Blätterteigmumien

DU BRAUCHST:
- ½ Pck. Blätterteig
- 1 schwarze Olive
- Babybreireste, z.B. Kürbisbrei
- 2 getrocknete Tomaten

Schneide aus dem Blätterteig zwei Rechtecke und mehrere schmale Streifen.

Lege die Rechtecke auf ein Backblech, verstreiche das Püree darauf und platziere mittig als Brustkorb je eine getrocknete Tomate.

Für die Augen schneide die Olive in dünne Ringe und platziere je zwei Ringe im oberen Drittel des Rechtecks.

Nun fehlen nur noch die Bandagen: Lege die Blätterteigstreifen kreuz und quer auf die Mumien.

Backe den Snack nach Packungsanweisung im Backofen.

199 Knetspinnen

DU BRAUCHST:
- essbare Knete in Schwarz (s.S. 86)
- Chenilledraht (Pfeifenputzer) in Schwarz
- Wackelaugen oder essbare Knete in Weiß (s.S. 86)

Schneide aus dem Chenilledraht Spinnenbeine. Forme mit der schwarzen essbaren Knete Kugeln.

Zeige deinem Kind, wie es die Spinnenbeine in den Spinnenkörper steckt.

Klebe Wackelaugen auf oder forme aus weißer essbarer Knete Augen, in die du kleine schwarze Knet-Pupillen setzt.

200 Zaubertrank

DU BRAUCHST:
- Rasierschaum
- Bastelfarbe
- Essstäbchen oder Löffel
- Spülmittel
- Löffel, Schöpfkellen und Becher

Sprühe Rasierschaum auf ein Backblech und verteile darauf einige Tropfen Bastelfarbe.

Lasse dein Kind mit dem Essstäbchen die Farbe einrühren und fülle die erste Zaubertrankzutat in einen hohen Behälter um.

In der Zwischenzeit verrühre mit dem Handmixer Bastelfarbe, Spülmittel und ein wenig Wasser in einer Rührschüssel.

Stelle die Zaubertrankzutaten an einen Platz, an dem dein Kind damit gefahrlos spielen kann - etwa in die Badewanne oder in ein großes Waschbecken.

Lasse dein Kind nach Belieben den Zaubertrank anmischen, umfüllen und verdünnen.

Sortierspiel-Varianten

201

Buchstaben sortieren

DU BRAUCHST:

- Moosgummi-Buchstaben
- Papier
- Filzstift

Schreibe mit Filzstift einige Buchstaben auf ein Blatt Papier.

Lege gemeinsam mit deinem Kind die Moosgummi-Buchstaben zu den passenden Buchstaben auf dem Papier.

Im Prinzip ist dies ein Formenspiel mit Buchstaben.

202

Zahlen sortieren

DU BRAUCHST:

- Moosgummi-Ziffern
- Papier
- Filzstift

Schreibe mit Filzstift einige Zahlen auf ein Blatt Papier.

Lege gemeinsam mit deinem Kind die Moosgummi-Ziffern zu den passenden Zahlen auf dem Papier.

203 Marienkäfer zählen

DU BRAUCHST:

- Klettpunkte
- Heißkleber
- Bastelfilz in Rot, Weiß, Grün und Schwarz
- Wackelaugen
- Chenilledraht (Pfeifenputzer) in Schwarz
- Moosgummi
- Moosgummi-Ziffern
- Filzstift

Schneide für den Körper des Marienkäfers aus dem roten Filz einen großen Kreis aus. Ein kleinerer schwarzer Kreis und zwei weiße Halbkreise ergeben den Kopf.

Verwende für Beine und Fühler Stücke aus schwarzem Chenilledraht und klebe alle Körperteile mit Heißkleber auf den grünen Filz. Klebe die Wackelaugen auf.

Fünf schwarze Kreise ergeben später die Punkte. Klebe mit Heißkleber Klettpunkte auf die Kreise. Bringe außerdem fünf Klettpunkte auf dem Marienkäferkörper an.

Schneide aus Moosgummi fünf gleich große Karten aus, bemale sie mit Punkten und klebe entsprechende Ziffern auf. Nun darf dein Kind immer die Anzahl an Punkten auf den Marienkäfer aufkleben, die ihm die Karte, die es gezogen hat, anzeigt.

204 Kartenschlitze

DU BRAUCHST:

- großer Versandkarton
- Moosgummiplatten in zu den Spielkarten passenden Farben
- Spielkarten
- Moosgummi-Ziffern oder Filzstift
- Teppichmesser
- Heißkleber

Beklebe den Karton mit Moosgummiplatten in Farben, die zu den Spielkarten passen.

Schneide in jede Moosgummiplatte drei Schlitze und markiere diese mit den Zahlen 1 bis 3.

Lasse dein Kind die Spielkarten durch die Schlitze in den farblich passenden Platten stecken.

Dieses Spiel ist recht anspruchsvoll, weil das Kind Farben und Zahlen einordnen muss.

Fotopuzzle 205

DU BRAUCHST:
- großes Lieblingsfoto
- Fotokarton
- Kraftkleber

Klebe ein Lieblingsfoto von deinem Kind oder eurer Familie auf Fotokarton und schneide die Ränder gerade zu.

Schneide das Foto in große Teile und lasse dein Kind es wieder zusammensetzen.

Wenn dein Kind das Puzzle mit großen Teilen gut schafft, kannst du im nächsten Schritt die Teile kleiner schneiden.

206 Filzformen

DU BRAUCHST:
- Bastelfilz in verschiedenen Farben
- Filzstift
- Klettpunkte

Schneide einige unterschiedliche Formen aus Filz aus.

Lege sie auf eine große Filzplatte und ziehe die Umrisse mit dem Filzstift nach. Klebe in die Mitte jeder Form einen Klettpunkt.

Klebe auch auf die einzelnen Filzformen einen Klettpunkt.

Lasse dein Kind die Filzformen auf die aufgezeichneten Formen der Filzplatte legen.

AB 2 JAHREN

207 Filzgesicht

DU BRAUCHST:

- Bastelfilz in verschiedenen Farben
- Bleistift
- Papier
- Kraftkleber
- bunte Bastelfedern

Zeichne die passenden Teile für das Gesicht und die Hüte auf dem Filz an und schneide sie aus.

Vielleicht kannst du bereits einige große Teile auf ein Blatt Papier kleben.

Nun kann dein Kind das Gesicht mit den übrigen Filzteilen und den Federn weiter ergänzen.

208 Haargummmi-Deckel

DU BRAUCHST:

- Milchtüten-Deckel
- Heißkleber
- Markierungssticker in zu den Haargummis passenden Farben, Ø 1,5 cm
- kleine Stoffhaargummis
- Fotokarton oder Moosgummiplatte

Klebe die Deckel mit etwas Heißkleber auf Fotokarton oder eine Moosgummiplatte.

Klebe mittig auf jeden Deckel einen Markierungssticker.

Lasse dein Kind immer ein Haargummi um den Deckel mit dem entsprechenden Farbpunkt legen.

209 Eierkarton-Malkasten

DU BRAUCHST:
- leerer Eierkarton
- Pinsel
- Bastelfarbe

Drücke mit dem Pinselende kleine Öffnungen in die Erhöhungen des Eierkartons. Das werden die Pinselhalter.

Gib die Bastelfarben in die Mulden des Eierkartons. Jetzt kann dein Kind mit dem Malen beginnen.

Zauberbild

DU BRAUCHST:
- Klebstoff
- Papier
- Wasserfarbe

Male mit Klebstoff ein Bild auf ein Blatt Papier und lasse es trocknen.

Wenn dein Kind nun mit Wasserfarbe auf dem Papier malt, offenbart sich deine Zeichnung Strich für Strich.

210

Kreppband-Kunst

211

DU BRAUCHST:

- Papier
- Malerkrepp
- Bastelfarbe

Beklebe ein Blatt Papier kreuz und quer mit Malerkrepp.

Lasse dein Kind die Flächen bemalen. Am besten löst du das Malerkrepp erst dann ab, wenn die Farbe leicht getrocknet ist.

Deoroller-Kunst

212

DU BRAUCHST:

- leerer Deoroller
- Bastelfarbe
- Papier
- Malerkrepp

Fülle einen leeren Deoroller mit Farbe und Wasser und schüttele alles gut durch.

Befestige das Papier mit Malerkrepp auf dem Tisch.

Dein Kind kann mit dem Malen beginnen.

Osterspaß I: Blumen-Knopfbild

213

DU BRAUCHST:

- kleine Stücke Bastelfilz in verschiedenen Farben
- Bastelfilzplatte in Grün
- Acryl-Marker
- große Knöpfe
- Nähnadel
- Garn, Nylonschnur oder Gummiband

Schneide aus den Filzstücken verschiedene Blütenformen aus.

Übertrage ihre Konturen mit dem Acryl-Marker auf die grüne Filzplatte und male Stiele daran.

Nähe mitten in jede aufgemalte Blüte einen Knopf auf. Schneide einen Schlitz in die losen Filzblüten.

Lasse dein Kind die Filzblüten auf die aufgemalten Blüten legen und festknöpfen.

Osterspaß II: Buntes Schaf

DU BRAUCHST:

- Moosgummiplatte in Grau
- Watte
- Acryl-Marker
- Heiß- oder Kraftkleber
- Bastelfarben
- Pinsel

Zeichne auf grauem Moosgummi ein Schaf mit besonders großem Körper auf und schneide es aus.

Male mit Acryl-Markern ein Gesicht und andere Details auf. Klebe mit Heiß- oder Kraftkleber Wattebäusche dicht nebeneinander auf den Körper.

Ist alles trocken, kann dein Kind das Fell bunt anmalen.

214

AB 2 JAHREN

Osterspaß III: Klebeband-Eier

215

DU BRAUCHST:
- Karton
- Bleistift
- buntes Malerkrepp
- Klebstoff

Schneide aus dem Karton Eierformen aus und male darauf mit Bleistift Orientierungslinien auf.

Reiße verschiedenfarbiges Malerkrepp in Streifen.

Lasse dein Kind die bunten Streifen über die Linien auf den Eiern kleben.

Osterspaß IV: Eier-Perlen-Spiel

216

DU BRAUCHST:
- bunte Perlen
- Plastikeier, befüllbar

Lasse dein Kind die Perlen in die farblich passenden Eier füllen.

Osterspaß V: Eier mit Punkten

217

DU BRAUCHST:
- buntes Kraftpapier
- Korken
- Bastelfarbe

Schneide aus Kraftpapier Eierformen aus und male mit einem Bleistift kleine Punkte auf. Diese dienen deinem Kind als Orientierung beim Stempeln.

Lasse dein Kind die Eier mit dem Korken und etwas Bastelfarbe bunt bestempeln.

Weihnachtsspaß I: Weihnachtskugelkette

218

DU BRAUCHST:

- Baumkugeln aus Kunststoff
- Schnürsenkel

Binde ein Ende des Schnürsenkels an einem Stuhlbein fest.

Lasse dein Kind die Baumkugeln auf den Schnürsenkel fädeln.

Weihnachtsspaß II: Zuckerstangen-Parade

219

DU BRAUCHST:

- Zuckerstangen

Suche mit deinem Kind eine Stelle, um die Zuckerstangen in einer Reihe aufzuhängen.

Zum Aufhängen eignen sich Verstrebungen an Stuhlbeinen, Schubladengriffe oder die Stange in der Kinderküche.

220

Weihnachtsspaß III: Knopftanne

DU BRAUCHST:

- Bastelfilz in Grün und weiteren Farben
- große Knöpfe
- Nähnadel
- Nylonschur, Garn oder Gummiband

Schneide aus grünem Filz eine Tannenbaumform aus. Nähe mehrere Knöpfe darauf an.

Schneide Kreise aus buntem Bastelfilz aus und mache in die Mitte jedes Kreises einen Schlitz für die Knöpfe.

Lasse dein Kind die Kreise an den Baum knöpfen.

AB 2 JAHREN

221

Weihnachtsspaß IV: Knet-Rentiere

DU BRAUCHST:
- essbare Knete in Rot und Hellbraun (s.S. 86)
- Wackelaugen
- Zweige

Forme aus hellbrauner essbarer Knete eine größere Kugel als Kopf und aus roter essbarer Knete eine kleine Kugel als Nase.

Lasse dein Kind das Rentier mit Zweigen und Wackelaugen fertigstellen.

Weihnachtsspaß V: Sternenstempel

222

DU BRAUCHST:
- Bastelfarbe
- Pinsel
- Papier
- Sternen-Ausstecherform aus Kunststoff

Trage auf die breitere Seite der Ausstecherform etwas Bastelfarbe auf.

Lasse dein Kind Sterne auf das Blatt stempeln.

Statt der Bastelfarbe kann dein Kind auch mit einem Stempelkissen arbeiten.

BUCHEMPFEHLUNGEN FÜR DICH

Noch mehr Kreativ-Bücher zum gleichen Thema gesucht?

ISBN 978-3-7724-4483-8

ISBN 978-3-7358-9046-7

ISBN 978-3-7358-9021-4

ISBN 978-3-7724-4818-8

ISBN 978-3-7724-4816-4

ISBN 978-3-7724-4825-6

ISBN 978-3-7724-6838-4

ISBN 978-3-7724-4654-2

ISBN 978-3-7724-6865-0

Viele weitere Kreativ-Bücher findest du auf www.TOPP-kreativ.de

#TOPPprojekt

Die eigene Kreativität zeigen: TOPPprojekt mit anderen Kreativen teilen und Teil der Gemeinschaft werden.

DIY-begeistert und auf Instagram? Dann unbedingt mitmachen! Hier gibt's Tipps und Feedback zu den eigenen Projekten. Außerdem verlosen wir jeden Monat ein Überraschungspaket. Um am Gewinnspiel teilzunehmen, einfach ein Bild vom Kreativ-Projekt aus unseren Büchern mit #TOPPprojekt posten und unserem Account @frechverlag folgen. Mehr Infos auf TOPP-kreativ.de/TOPPprojekt

Website

Auf TOPP-kreativ.de kannst du ein riesiges Angebot von über 1.000 Kreativbüchern, Sets & mehr entdecken.

Newsletter

Gleich anmelden unter: TOPP-kreativ.de/newsletter und immer als Erstes von unseren Neuheiten und Sonderaktionen erfahren.

Instagram

@frechverlag

Pinterest

pinterest.com/frechverlag

Facebook

facebook.com/frechverlag

DigiBib

Hier findest du zusätzlich zu vielen unserer Bücher digitale Extras, wie Video-Tutorials, Plotter-Dateien, Vorlagen, Übungsblätter & vieles mehr. Einfach im Impressum deines TOPP-Buchs den Freischalte-Code nachschlagen und exklusive Inhalte freischalten. TOPP-kreativ.de/digibib

Youtube

youtube.com/frechverlag

Hier (oder unter www.topp-kreativ.de/digibib) findest du nach erfolgter Registrierung zum kostenlosen Herunterladen und Ausdrucken die Vorlagen für dieses Buch. Der Freischalte-Code lautet: 51516

SERVICE-HOTLINE

Hast du Fragen oder gibt es ein Problem? Wir helfen dir gern. Ruf uns an oder schreib uns eine E-Mail:

Telefon: 0711 / 123 757 20*
E-Mail: hilfe@frechverlag.de

Weitere Informationen zum Verlag und zu unserem gesamten Programm findest du unter: www.topp-kreativ.de

*normale Telefongebühren

Impressum

FOTOS: Josephine Schwan-Jones
ILLUSTRATIONEN UND HINTERGRÜNDE: freepik
PRODUKTMANAGEMENT UND KORREKTORAT: Stephanie Iber
LEKTORAT: Birgit van der Avoort
COVERGESTALTUNG: Eva Hook unter Verwendung von Illustrationen von freepik
LAYOUT, SATZ & HERSTELLUNG: Sophia Höpfner
DRUCK UND BINDUNG: Neografia, Slowakei

2. Auflage 2024

MIX
Papier | Fördert gute Waldnutzung
FSC® C020353

978-3-7358-5141-3 Best.-Nr. 25141

Penguin Random House Verlagsgruppe FSC® N001967